国家自然科学基金项目·管理科学与工程系列丛书

地铁施工灾害预警系统模型与关键技术

陈伟珂　著

国家自然科学基金资助项目(编号：71173152)

科　学　出　版　社

北　京

内 容 简 介

本书以控制理论、预警理论为设计原则，以预警流程为线索，利用关联规则、可拓理论等研究工具和方法，建立与地铁施工过程监测指标相一致的警情判断模型，提出确定地铁施工灾害监测关键指标的路径，给出定量地铁施工灾害后果可控度的方法，详细地叙述以计算机系统为核心的网络化智能预警系统的各个子系统实现的路径和技术方法。

本书内容适合于从事灾害研究的广大学者和工程建设行业的专家、管理者和建设者等相关专业人士阅读、借鉴和使用。

图书在版编目(CIP)数据

地铁施工灾害预警系统模型与关键技术 / 陈伟珂著 . —北京：科学出版社，2015

ISBN 978-7-03-046659-4

Ⅰ．①地… Ⅱ．①陈… Ⅲ．①地下铁道－工程施工－灾害－预警系统－系统模型 Ⅳ．①U231

中国版本图书馆 CIP 数据核字(2015)第 302293 号

责任编辑：马 跃 徐 倩 / 责任校对：张 红
责任印制：徐晓晨 / 封面设计：蓝正设计

科 学 出 版 社 出版

北京东黄城根北街 16 号
邮政编码：100717
http://www.sciencep.com

北京京华虎彩印刷有限公司 印刷

科学出版社发行 各地新华书店经销

*

2015 年 12 月第 一 版 开本：720×1000 B5
2015 年 12 月第一次印刷 印张：12 3/4
字数：257 000
定价：76.00 元

(如有印装质量问题，我社负责调换)

前　言

　　近年来中国城市轨道交通已进入高速发展期，地铁建设已经纳入各城市的中长期发展规划，未来的 20 年地铁施工建设仍然是各个城市投资建设的重点。然而，地铁施工具有规模大、风险高、周期长、技术复杂、受地质和环境影响大等特点，一旦出现事故会导致建设成本急剧上升，危及现场人员、周边建筑和相关群众的安全，造成的人力、物力和财力的损失往往是无法估量的。因此，有效防御或减少地铁施工灾害，是地铁建设过程中必须高度重视和予以解决的关键问题。建立有效的地铁施工灾害预警系统和确定合理的预案强度，是控制地铁施工灾害有效的路径和方法。

　　本书作者在积累多年研究和观察地铁施工灾害事件的基础上，承担了国家自然科学基金"基于多维关联规则和可拓理论的地铁施工灾害警情诊断模型和灾害后果可控度研究"课题，持续关注研究地铁施工灾害的预警系统，在构建预警系统模型和对灾害后果控制的研究过程中利用控制理论、预警理论、关联规则（association rule）、可拓理论等研究工具和方法，提出确立施工灾害监测关键指标的路径和方法，形成一些独立的研究成果和观点。特别是利用关联规则 Apriori 算法计算非线性映射，降低多因素风险组合的控制难度和维度；利用可拓理论可拓阈的边界作用，对灾害后果可控度进行定量并划分预警系统等级、确定预案强度等研究成果。为研究灾害控制、建立灾害预警系统、实施预案决策的科研及实务工作人员都提供非常宝贵的理论依据和方法。

　　本书是陈伟珂教授与她的多届研究生辛勤劳动不断研究的成果结晶。本书以预警流程为线索，以构建与地铁施工过程监测指标相一致的警情判断模型为基础，以实现计算机系统为核心的智能预警系统为目标，详细叙述预警系统的各个子系统实现的路径和技术方法。全书共 8 章：第 1 章主要阐述建立地铁施工灾害预警系统的重要性和意义，以及其预警系统需解决的科学问题；第 2 章阐述预警管理的相关理论，对地铁施工灾害预警系统设计进行详细说明；第 3 章阐述地铁施工灾害预警系统的关键技术；第 4 章分析地铁施工灾害事故的发生机理与风险因素的耦合作用，确定"人-机-环境-管理"四个风险维度，编制地铁施工实时动态监控手册，对风险源进行有效识别；第 5 章分析地铁施工中的风险因素之间的非线性映射关系，得出关键因素，并采用多维关联规则算法筛选出警兆监测指标；第 6 章将可拓集合理论应用于警情诊断模型的建立中，对警度和可控度进行定量化研究；第 7 章运用识别常见故障模式的 FMEA（failure mode and effect analysis，潜在失效模式与效应分析）方法，对地铁施工灾害的警度及可控度的大小进行分级并制订详细预案；第 8 章阐述地铁施工灾害预警系统实现的具体思路，为建立预警的计算机系统提供引导和指南。

本书主要分工如下：第 1 和第 2 章，陈伟珂、龙昭琴和张铮燕；第 3 章，陈伟珂和孙春苗；第 4 章，郭明宇；第 5 章，李金玲、蔚朋和陈红；第 6 章，陈伟珂和杨保兰；第 7 章，林宏莉；第 8 章，陈伟珂和蔚朋。

在整个研究和撰写过程中，得到了很多专家、朋友和同行的帮助、理解和支持，在此一并表示由衷的感谢。由于作者的立场、观点和研究的局限性，难免出现缺陷和不足，敬请广大读者能够提出宝贵意见和建议，给予批评指正。

作者

2015 年 9 月 9 日

目　　录

第1章 绪　　论

1.1　预警系统对地铁施工的重要性

1.1.1　中国正处于地铁工程建设的高速发展期

随着我国经济的发展，城市规模不断扩大，轨道交通的发展已成为制约城市发展的一个重要因素。虽然地铁运量大、无污染，并且越来越多的城市开始修建地铁，但同时地铁施工的特性、施工过程中的众多不确定性因素和时有发生的施工灾害事故，也造成了大量的人员、财产损失。针对引发事故的风险因素进行风险监控将有效地降低灾害事故发生的概率，从而减少灾害事故带来的损失。

国务院 2012 年 7 月印发的《"十二五"综合交通运输体系规划》表示，"十二五"时期，要从完善区际交通网络、建设城际快速网络、强化城市公共交通、推进农村交通建设、发展综合交通枢纽和衔接内地港澳交通等方面加强基础设施建设，有效整合交通资源，提升技术和装备水平，提高运输服务水平，构建覆盖全国、布局合理和结构优化的综合交通网络，发挥运输的整体优势和集约效能，以总体适应我国经济社会发展需要。

截至 2014 年年底，开通地铁的城市多达 25 个，分别是北京、香港、上海、天津、深圳、台北、广州、长春、大连、武汉、南京、高雄、成都、沈阳、佛山、重庆、西安、苏州、昆明、杭州、哈尔滨、郑州、长沙、宁波和无锡，2014 年有 40 座城市有在建地铁项目（其中部分在建项目如表 1-1 所示），总投资额达到 2 606 亿元，地铁建设依然保持高速发展状态。

表 1-1　2014 年我国部分在建地铁项目情况

城市	项目	起点	终点	长度/千米	车站数量/座
北京	6 号线二期	物资学院路	潞城	12.7	8
	7 号线	北京西站	焦化厂	23.9	21
	14 号线东段	金台路	善各庄	19	12
	15 号线一期西段	清华东路西口	关庄	10.2	7

续表

城市	项目	起点	终点	长度/千米	车站数量/座
上海	9号线三期	高中路站	曹路站	13.82	9
	5号线南延长线	东川路站	南桥新城站	19	8
	10号线二期	新江湾城站	基隆路站	10.8	6
	14号线	封浜	金惠路	39	31
	17号线	虹桥火车站	东方绿舟	35.3	13
天津	4号线南段	东南角	民航大学	18	14
	5号线	北辰科技园站	李七庄站	33.6	30
	6号线	新外环东路	梅林路站	50.1	40
	1号线东延线	双林站	双桥河站	15.9	10
重庆	4号线一期	新牌坊	唐家沱	19.5	11
	5号线一期	园博园站	跳蹬站	39.7	25
	10号线一期	鲤鱼池	王家庄	32.1	19
广州	6号线二期	长湴	香雪	17.6	10
	7号线首期	广州南站	大学城南	18.6	9
	4号线南延长段	金洲站	南沙客运港	12.6	6
	9号线一期	飞鹅岭	高增	19.8	10
	8号线二期	凤凰新村	文化公园	1.8	2
深圳	6号线	深圳北站	松岗	37.8	20
	7号线	太安	丽湖	30.2	28
	9号线	深圳湾公园站	文锦站	25.3	22
	11号线	福田	碧头	51	17

　　我国在建地铁总里程为 2 975.58 千米，总体规划为 14 678.84 千米，按照每千米平均造价为 4 亿～5 亿元计算，在 2011～2015 年，我国在地铁建设投资将达到 8 000～10 000 亿元，这将极大地带动我国的经济发展。根据现阶段我国城市的发展趋势，区域中心城市圈的建设必定会带来区域中心城市的崛起及周边城市的发展，人口、经济向区域经济中心城市聚集，由此可以推断，未来几年我国将有更多的城市参与到地铁的建设中来，地铁投资将进一步加大，地铁将成为人们未来生活的重要组成部分。

1.1.2　地铁施工灾害后果严重不容忽视

在越来越多的城市参与到地铁建设的情况下，地铁施工事故造成的灾害不容忽视。由于地铁大多建在建筑密集区域，工程处于地表以下，各种地下管线密布，地质条件复杂，建设涉及的专业多、投资大、建设期长、不可预见的因素较多，因此地铁建设是一项高风险建设工程，加上对地铁施工风险管理投入不到位等原因，在北京、上海、广州、天津、西安、深圳、南京和杭州等全国范围内都出现过不同程度的地铁施工安全事故，形势严峻。

据不完全统计，2009 年至 2011 年 11 月，全国在建城市轨道交通工程发生一般事故 35 起，死亡 40 人。部分地区还发生多起工程周边地面塌陷、建筑物开裂及隧道涌水涌砂等险情。表 1-2 列举了近十年的部分地铁事故及险情情况。

表 1-2　近十年部分地铁事故及险情

序号	时间	地区	诱因	事故类型/损失
1	2011 年 9 月 1 日	北京，地铁 10 号线	暴雨后出现漏水问题	
2	2011 年 6 月 1 日	上海，地铁 3 号线、4 号线、6 号线、10 号线	暴雨后出现漏水问题	
3	2011 年 7 月 17 日	青岛，地铁 3 号线	开挖面涌水涌砂、地面塌陷	
4	2011 年 5 月 6 日	天津，地铁 2 号线	对隧道穿越不良地质的危险性认识不足，由于施工人员操作不当发生涌砂现象	经济损失
5	2011 年 3 月 10 日 2011 年 3 月 16 日 2011 年 6 月 9 日 2011 年 8 月 29 日	大连，地铁 2 号线	四次地面塌陷险情	
6	2011 年 3 月 10 日 2011 年 3 月 29 日 2011 年 4 月 4 日	深圳，地铁 4 号线 深圳，地铁 1 号线 深圳，地铁 5 号线	调试中列车脱轨 市政污水管破裂 吊装施工中物体打击事故	车站被淹 1 人死亡 2 人受伤
7	2011 年 6 月 15 日	武汉，地铁 2 号线	在施隧道沉降	导致周边一栋三层楼房出现裂缝
8	2011 年 1 月 6 日	北京，地铁 9 号线、10 号线、6 号线、8 号线	安全事故	4 人死亡

序号	时间	地区	诱因	事故类型/损失
9	2011 年 8 月 18 日	上海，轨道交通 11 号线	脚手架倒塌事故	2 人死亡、4 人受伤
10	2009 年 11 月 10 日	南京，地铁 2 号线	工人作业时意外打破液氮管道导致液氮泄露	中毒
11	2009 年 10 月 16 日	深圳，地铁 5 号线	地质为花岗岩与角岩的不整合接触带，地质条件差	泥土坍塌
12	2009 年 10 月 3 日	深圳，地铁 5 号线	不明	坍塌
13	2009 年 9 月 23 日	天津，地铁 3 号线	不明	透水事故
14	2009 年 9 月 4 日	深圳，地铁 4 号线	不明	土坡塌方
15	2009 年 8 月 2 日	西安，地铁 1 号线	坑壁支持力不足，坑壁土体前倾且变形直至突然失稳；连续降水使土体含水量增大，自稳定力下降	沟槽坑壁突然坍塌
16	2009 年 7 月 22 日	深圳，地铁 1 号线	不明	沉降塌方，工人宿舍板房陷入深坑
17	2009 年 7 月 19 日	深圳，地铁 1 号线	地质条件复杂，土质疏松	活动板房塌方
18	2009 年 7 月 6 日	深圳，地铁 3 号线	疑因深井下突然溢出毒气所致	中毒
19	2009 年 5 月 28 日	南京，地铁 2 号线	地下水渗漏，水土流失，架空土层突然受压所致	塌陷，配电房倒塌
20	2009 年 5 月 26 日	西安，地铁 1 号线	工人作业时将灯泡压爆，灯泡落在防水材料上，引起明火	市政施工火灾
21	2009 年 5 月 15 日	广州，地铁 3 号线	不明	不明气体中毒
22	2009 年 1 月 12 日	南京，地铁 2 号线	不明	塌陷事故
23	2009 年 1 月 2 日	西安，地铁 2 号线	切割预埋孔时焊渣引燃防水卷材所致	火灾
24	2008 年 12 月 30 日	西安，地铁 2 号线	施工人员在进行立模钢板切割的过程中，因钢板掉落地下引发防水材料着火	小范围起火

序号	时间	地区	诱因	事故类型/损失
25	2008 年 11 月 15 日	杭州，地铁 1 号线	违规施工、冒险作业、基坑严重超挖，支撑体系存在严重缺陷且钢管支撑架设不及时，垫层未及时浇注	基坑大面积坍塌
26	2008 年 5 月 30 日	南京，地铁 2 号线	地下渗水造成土层下降，形成地囊空洞，在车辆的重压下造成	地面小面积塌陷
27	2008 年 4 月 15 日	广州，地铁 6 号线	不明	不明气体导致伤亡事故
28	2008 年 4 月 15 日	广州，地铁 6 号线	焊接施工操作不慎，引起乙炔爆炸	爆炸
29	2008 年 4 月 1 日	深圳，地铁 3 号线	结构失稳	混凝土母板坍塌
30	2008 年 1 月 17 日	广州，地铁 5 号线	涌水	塌方，地面塌陷
31	2007 年 12 月 16 日	南京，地铁 2 号线	涌水	地面塌陷
32	2007 年 5 月 28 日	南京，地铁 2 号线	雨水造成的基坑土体松散	土体滑坡
33	2007 年 5 月 4 日	北京，地铁 10 号线	管线下方的地铁 10 号线基坑坍塌有关	自来水管线断裂
34	2007 年 4 月 2 日	北京，地铁 10 号线	土质松散	塌方事故
35	2007 年 3 月 28 日	北京，地铁 10 号线	土质松软	塌方事故
36	2007 年 2 月 5 日	南京，地铁 2 号线	地质条件差，施工制度不合理	渗水塌陷天然气管道断裂爆炸
37	2006 年 4 月 24 日	广州，地铁 5 号线	凿岩机在工作中意外断裂螺母，风管脱落	机械事故
38	2006 年 2 月 27 日	北京，地铁 10 号线	龙门吊钢丝绳折断	龙门吊事故
39	2006 年 1 月 4 日	广州，地铁 3 号线	地下水流失	地陷事故
40	2006 年 1 月 4 日	北京，地铁 10 号线	注水泥浆加固地基	喷浆
41	2006 年 1 月 3 日	北京，地铁 10 号线	污水管漏水	塌陷
42	2005 年 11 月 30 日	北京，地铁 10 号线	工地内多根污水、自来水管断裂	基坑倒塌
43	2005 年 11 月 7 日	广州，地铁 5 号线	溶洞	塌方
44	2005 年 11 月 3 日	广州，地铁 5 号线	隧道壁上的电缆组突然坠落	物体打击
45	2005 年 10 月 25 日	北京，地铁 10 号线	不明	钻机倒塌
46	2005 年 10 月 18 日	北京，地铁 10 号线	涌水	简易房倒塌

序号	时间	地区	诱因	事故类型/损失
47	2005 年 9 月 24 日	北京，地铁 10 号线	路面突然塌陷	龙门吊倾倒
48	2005 年 8 月 1 日	北京，地铁 10 号线	吊车施工时翻倒	汽车吊事故
49	2005 年 7 月 21 日	广州，地铁 5 号线	不明	基坑侧边跨塌陷
50	2005 年 7 月 19 日	北京，地铁 10 号线	不明	路面隆起
51	2005 年 7 月 14 日	深圳，地铁 1 号线	由于泥土和砂石带有不稳定的流沙性，地下水渗出	塌方
52	2004 年 9 月 25 日	广州，地铁 2 号线	地下自来水管被工程车压破爆裂	大面积塌方
53	2004 年 9 月 21 日	上海，地铁 9 号线	地下水道发生破裂	地面塌陷
54	2004 年 8 月 10 日	香港，地铁 1 号线	机械故障	地铁线瘫痪
55	2004 年 6 月 19 日	台湾，高雄地铁	雨水排水主干管断裂	塌陷
56	2004 年 4 月 1 日	广州，地铁 3 号线	暴雨	地下连续墙围护结构突然塌方
57	2004 年 3 月 17 日	广州，地铁 5 号线	不明	塌方
58	2003 年 10 月 8 日	北京	支撑突然失稳	支架坍塌
59	2003 年 7 月 1 日	上海地铁 4 号线	冷冻法施工的制冷设备发生故障，流沙涌入浦西联络通道，管涌	地面沉降，3 栋建筑物严重倾斜
60	2002 年 4 月 19 日	深圳	不明	吊臂折断
61	2001 年 5 月 25 日	深圳	坑壁不稳定	坍塌事故

资料来源：地铁公司内部资料

　　2011 年 6 月至 10 月，住房和城乡建设部针对上述常见的地铁施工灾害在北京等 27 个城市的在建轨道交通工程质量安全进行了监督检查。督查工作对有关城市轨道交通建设主管部门，以及建设、勘察、设计、施工、监理和第三方监测等参建单位督查子项共 4 882 项，其中，好、较好、一般和差的子项分别为 1 380 项、2 696 项、786 项和 20 项，分别占总数的 28.3%、55.2%、16.1% 和 0.4%。在督查工作中发现的主要问题如表 1-3 所示。

表 1-3 督查工作中发现的主要问题

主要问题	问题细化	实例
建设单位质量安全管理不到位	部分项目未严格履行基本建设程序	杭州地铁个别在建项目尚未按规定获得批复
		上海地铁某项目施工许可证取得时间晚于开工时间
	部分建设单位没有落实对勘察、设计、施工和监理等参建单位的安全质量履约管理	昆明地铁建设单位对监理人员岗位变动监管不够
		成都地铁建设单位未按规定委托质量检测机构和第三方监测机构
	部分建设单位风险管理体系不完善	刚开始建设地铁的长沙、长春、福州和南昌等城市经验不足，相关制度亟待健全
勘察设计执行标准不到位	部分项目勘察报告编制深度不足，对地质风险评价分析不充分；原始记录和数据不全或不规范；钻探和试验等工作量不足；未结合工程实际开展周边环境调查等	南京地铁某项目勘察工作，连续两个钻孔孔深未达到隧道底板，违反相关标准要求；大连地铁某项目对周边地下管线渗漏水情况专项调查不深，未采取有效处理措施
勘察设计执行标准不到位	部分施工图设计文件内容不全，未按规定提出工程监测要求和监测控制标准；对工程风险考虑不足，工程重点部位和环节的设计处理措施不完善，对重要工程周边环境的保护性设计不充分；重要设计变更不及时	宁波地铁某项目施工图设计文件中换撑设计预加轴力、端头联结设计等内容不明确；西安地铁某项目施工图设计文件未明确工程周边环境监测及沉降控制要求；合肥地铁某项目设计文件未明确黏性土层的设计处理措施
施工安全质量控制不到位	不少项目存在质量通病和安全隐患	哈尔滨地铁某项目，区间隧道二次衬砌厚度及外侧钢筋保护层厚度不符合设计要求；东莞地铁某项目存在墙面裂缝渗水、混凝土胀模；北京地铁某项目采用上下台阶法开挖过程中，下台阶高度过高、坡度过陡，存在坍塌风险
	部分施工单位安全质量管理不到位，专项施工方案未严格落实，安全质量隐患自查整改不彻底，作业人员资格不符合规定，施工监测不到位	沈阳地铁某项目未严格落实经专家论证的危险性较大分部分项工程专项方案；广州地铁某项目自查发现的起重机械故障长时间未予整改
监理和第三方监测履责不到位	部分监理单位把关不严	郑州地铁某项目监测点有破坏现象，但监理单位未及时督促施工单位修复；无锡地铁某项目监理实施细则缺乏针对性
	部分第三方监测亟待规范	南昌地铁某项目检测方案缺少现场巡视频率及周期要求；重庆轨道交通某项目的原始监测记录随意涂改现象严重

续表

主要问题	问题细化	实例
质量安全监管职责落实不到位	一些地区的城市轨道交通工程质量安全监督机构不健全，职责不明确；监管机构对轨道交通工程复杂性、风险性重视不够、资源配置不足，监管人员监管能力和经验普遍不足；开展的监管工作主要集中在施工阶段，对前期工作缺乏有效监管	上海、南京市未严格按规定开展施工图设计（含勘察文件）审查

资料来源：根据住房和城乡建设部办公厅文件建办质函〔2011〕68 号《关于全国在建城市轨道交通工程质量安全督查有关情况的通报》的内容整理绘制

综上所述，一方面是地铁建设飞速发展，施工数目急剧增加，施工安全信息量大并且需要及时记录和上报；另一方面是地铁施工环境特殊，施工风险因素多样、不确定性突出，极易出现安全事故，且一旦发生施工事故后果相当严重，急需通过有效的方法进行监测和控制，管理的不到位也对地铁施工造成严重的安全隐患。所以，地铁施工安全问题的整顿迫在眉睫，先进的管理手段呼之欲出，而用计算机信息管理技术是大家公认的先进管理手段之一，它以快速的信息传递方式、海量的数据处理功能、预测和研判能力作为系统特点被广泛应用。地铁施工灾害预警系统实际上就是一个具有预测、研判和决策支持系统，是项目管理者通过建立风险评估体系，以及进行风险控制来预防、化解风险的发生，将风险造成的损失降到最低的有效手段，因此深入研究地铁施工灾害预警系统具有非常重要的经济价值和社会价值。

1.2　预警系统研究现状

1.2.1　预警内涵

随着城市轨道交通的迅速发展，地铁交通所占比重也会越来越大。然而地铁建设的施工过程，是在相当复杂的地质和自然环境中进行的，并且在施工管理过程中也经常暴露出一些问题，换言之，如风险因素多样性、不确定性突出，极易出现安全事故，带来巨大的生命财产损失。因此加强防范灾害事故，有效进行地铁施工灾害的预警管理，是促进地铁建设和轨道交通快速有序发展的基本保障。而地铁施工预警的定义是对地铁施工过程进行预警管理的前提。

预警就是在警情发生之前对其进行预测预报，可以分为广义和狭义两类[1]。广义地说，预警是组织的一种信息反馈机制。它最初被应用于军事，预警飞机的出现就是军事预警系统的雏形。随着社会进步的需要，预警所具有的信息反馈机制逐步超越在军事领域的应用，进入现代经济、技术、政治、教育、医疗、灾变、治安等自然和社会领域[2]。

　　狭义地说，预警就是在警情发生之前对其进行预测预报。黄小原和肖四汉研究发现，预警是指对某种状态偏离预警线程度强弱的预测及发出预警信号的过程。预警系统是一种计算机信息系统，它可以确定预警状态，也可以发出监控信号[3]。陈国阶认为预警有动态性、先觉性和深刻性。一般预测和评价等大量的前期工作是预警的基础[4]。换言之，顾晓安认为预警是在预测和承认评价的基础上，通过先行指标和发展趋势来度量未来风险强弱程度、预测未来的发展状况，以此通知决策人员及时采取合理应对措施规避风险，减少损失[5]。夏均忠认为预警是对不利于人们的意外事件进行合理评估，了解该类事件引发的危机及影响，以便做应变的准备及预案[6]。综合上述观点可以把地铁施工预警定义为：地铁施工预警是指度量地铁施工某种状态偏离预警线的强弱程度、发出预警信号并提前采取防范措施的系统。它能使管理者在地铁施工过程中得到预警报告、预案措施等信息，以防患未然，从而有助于施工人员和管理者更好地开展预防事故发生、规避风险和降低损失等工作。

　　预警系统作为现代化的管理灾害的手段，受到了各行各业人士的高度重视，国内外学者对预警系统进行了较为深入广泛的研究，并取得了一定的研究成果。Lian 认为预警分析是一个识别错误的过程，预控对策是纠错和治错的过程，两者是相辅相成的[7]。Hall 的研究结论表明预警是重要的预防灾害机制，应在应急管理体系中得到重视[8]。Laitinen 和 Chong 将预警系统运用到中小企业的管理中[9]。Lawom 提出用现金流量信息预测财务困境的预警模型[10]。Puzicha 将预警系统运用到莱茵河流域水污染[11]及 Pinter 的预警系统在多瑙河流域水污染的应用等在区域污染的控制中发挥了重要的作用[12]。Glasgowa 等提出了一种以鱼类行为作为警兆的海洋赤潮预警系统[13]。Parr 等提出了运用 LTEMR（long term evolution measurem report，长期演化测量报告）方法对生态环境系统进行长期的调查和监测，来建立区域宏观环境变化预警系统的办法[14]。Ferdin 和 BjomHansen 介绍了欧洲土壤署以欧洲土壤数据库为环境风险评价（环境预警）的重要工具，为土壤预警数据库的建立提供了重要依据[15]。Zhu 等对网格信息技术建立社会突发事件的早期预警机制进行了研究[16]。Matthew 和 Kapucu 分析和设计了龙卷风的预警系统[17]。Wenzel 等对罗马尼亚首都布加勒斯特的地震预警系统进行设计[18]。国外学者的研究表明，预警系统理论在企业管理、环境治理、气象预报和灾害预测等领域有着广泛应用，与本研究中将预警系统运用到地铁施工灾害防控的思想不谋而合。国内学者马驰运用动力学分析了提升机危险载荷，开始了对危险载荷预警系统的研究，其目的在于通过预警与对危险载荷的识别进一步提高矿井提升机的安全性[19]。周晓冬对 PFI（private finance initiative，私人融资启动）项目的风险特点进行识别分析，然后建立风险预警指标体系[20]。权思勇用估计样本组的数据来构建财务预警模型，而用测试样木组的数据来检验预警模型的有效程度[21]。卢金锁通过综合运用神经网络方法和决策树，建立了基于水厂传统原水监测数据的藻类高发预测模型[22]。国内外学者的研究表明，预警系统理论在企业管理、环境治理、气象预报和灾害预测等诸多领域有着广泛应用，并且其研究成果迅速扩散并很快被各个领域借鉴和应用，特别是其显现的独特的管理功能，是预警管理研究中的重要对象。

1.2.2　预警系统中各子系统研究现状

1. 警兆输入子系统——监测指标研究现状

地铁施工灾害预警系统的数据输入子系统主要工作是选择合理有效的关键警兆监测指标进行灾害数据监测，建立出一套完整可靠的关键警兆监测指标，以保证运算结果能够真正反映风险的实际情况。

邓小鹏等认为地铁地下工程施工对质量和安全要求高、涉及工程专业多、工程量巨大、地下和露天作业多、工程和周边环境关系密切，施工技术交叉、复杂、施工风险隐蔽、不确定和施工环境具有特殊性、恶劣性、动态性等特点[23,24]。地铁施工的独特性就要求在地铁施工预警时要选取合适的监测指标。监测指标的选取是预警管理的基础，建立完整可靠的监测指标对预警管理具有重要意义。

预警系统的数据输入阶段主要是确定科学有效的监测指标。在监测指标体系的研究中，Rajendran 和 Gambatese 在 *Development and initial validation of sustainable construction safety and health rating system* 中采用德尔菲法，依据专家经验构建了可持续工程安全和健康等级系统的预警指标体系，并向建设公司和业主公司发放详细的调查问卷，最终确定 25 个必选影响因素及 25 个可选影响因素[25]。Goh 和 Chua 在对大量案例分析的基础上对建筑物安全风险影响因素进行识别，构建了建筑物安全风险预警指标体系[26]。Zayed 等通过总结大量文献，在 *Model for the physical risk assessment of bridges with unknown foundation* 一文中构建了地基未知的桥梁本体风险评估指标体系[27]。

国内外专家学者，采用多样化的研究手段，研究指标选取的方法。例如，Ching 通过对数据处理和回归分析，详细分析施工监测结果，对施工中常见的问题提出关键监测项目和标准[28]；Simpson 和 Atkinson 运用有限元基本理论，对施工过程进行模拟分析，得出复杂结构施工监测的一些关键技术要点[29]；胡友健通过对实测数据利用灰色系统理论建立变形预测模型，进行险情预报[30]；Abdel-Meguid 等利用三维弹塑性有限元模型监控地铁隧道施工效果，比较隧道衬砌应力、变形状态与实地测量的差异[31]；邱冬炜和杨松林利用 GIS（geographic information system，地理信息系统）技术开发了城市地铁工程施工预警系统，对城市地铁施工监测的数据进行管理，及时给出安全预警[32]；梁希福等从地铁工程的安全管理水平决定地铁建设的安全角度出发，认为应以先进的监测设备和技术方法对地铁施工进行监测，保障地铁施工安全[33]；张毅军等针对传统的权重方法不能适应地铁工程施工风险分析及评估模型中权重的求解这一现状，创新性地将 TOPPSIS（technique for order preference by similarty to ideal solution，逼近理想解）法运用到地铁工程施工风险分析及评估模型的权重求解过程中，使其在具体的应用中取得的数据更加符合实际[34]。吴伟巍和李启明针对国内外建筑业施工现场安全风险的研究不足，提出了一种基于前馈信号的施工现场安全危险源实时监控和安全风险实时预测的方法，并通过将现有研究的视角引入施工现场关键安全危险源的前馈信号上[35]；杨鹏等利用可拓理论建立地铁盾构施工灾害监测体系，针对监测指标进行量化分析，最终实现准确有效监测、减少事故发生的目的[36]；郝风田将可靠度理论应用于地铁施工领域的思想，在此基础上，建立地铁施工风险控制系统串联模型，使在给定系统安全目标值的条件下达到整个施工过程的安全优化[37]；陈伟珂和张铮燕应用 WBS-RBS（work breakdown structure-risk breakdown structure，基于工作分解结构和风险分解结构）及关联规则对地铁施工灾害关键警兆监测指标进行科学选取，甄选出关键警兆监测指标，以实现地铁施工灾害警兆的实时监测和重点跟踪[38]。除此之外，还有的学者（胡荣明）通过介绍城市地铁施工过程中监测数据和资料的要求，监测的内容、范围和方法，监测的频率和警戒值，为研究体安全监测预警信息系统奠定基础[39]；邱冬炜并针对当前地铁监测数据量大、变形分析困难和预测准确率低的技术难题。根据地铁受周边施工扰动变形数据的非线性与混沌特性，提出基于 PBIL（population-based incremental learning，基于群体的增量学习）支持向量机的智能变形预测方法，进而避免人为选择参数的盲目性，极大地提高支持向量机的预测能力[40]。

总的来说，对于地铁施工警兆监测指标的选取，大多数学者只是在指标选取的原则上进行研究。而在监测方法上以人工监测为主，在风险源识别研究上基本处于定性分析阶段，确定施工灾害事故发生是由单一还是多个风险源作用而造成的是当前地铁施工领域亟待解决的问题。地铁施工灾害监测数据越多就越会造成"数据海量、信息缺乏"现象，这是预警系统数据输入阶段面临的尴尬处境。因此，如何在海量的数据中挖掘有效的预警指标是设计实现预警系统亟待解决的首要问题，因而无论是在理论研究还是实际应用都有待进一步的完善。

2. 警情判断子系统——诊断方法研究现状

警情系统的诊断阶段主要是对指标进行诊断，并确定警度。在警情诊断时，在对预警诊断方法的研究中，国外学者 Frank 等建立了基于模糊逻辑学（fuzzy logic）的智能软件预警系统，用以改善因监测失效引起的预警延误。该预警系统可对多种不同风险进行评估，同时还可以通过风险追踪功能识别风险源[41]。在金融业，由于银行危机对政策制定者的影响日趋重要，Davis 和 Karim 通过比较分析银行危机的预警系统，评定了两种常用的模型——Logit 模型和信号提取模型，并指出 Logit 模型更适用于全球化预警系统，而信号提取模型更适用于各国特色预警系统[42]；Ng 等基于局部模式学习和语义关联模糊神经网络的预警诊断系统，对银行破产的原因进行分类和预警[43]；杨小力等采用模糊评价方法对中国纺织品出口反倾销预警监测指标进行诊断[44]。在生态安全领域，曹向新提出采用模糊综合评判方法对生态安全预警的评价指标进行评价，并通过实例进行了证明[45]。在建筑业，王穗辉和潘国荣借助神经网络方法采用改进后的 BP（back propagation，反向传播）网络算法，对上海地铁 2 号线盾构推进中隧道上方的地表变形做了风险预警汇报[46]；卢岚等运用模糊评价方法和层次分析法，提出了一种适合建筑施工现场的安全评价方法[47]；为解决当前我国地铁施工过程的安全预警问题，陈帆和谢洪涛构建因子分析与 BP 神经网络相结合的地铁施工安全预警模型，降低预警结果的主观性，有针对性地完善地铁施工的相关预警技术[48]。在矿山行业，牛强等将自组织神经网络原理运用于煤矿安全预警问题中，建立了多指标综合评价的安全预警系统网络模型[49]。在企业管理中，通过对预警系统的监测指标进行诊断，王超提出利用人工神经网络模型来进行预警指标的评判与处理，并举例说明所取得的成效[50]；Widarsson 和 Dotzauer 通过对贝叶斯网络中锅炉蒸汽与燃烧侧的质量平衡分析，确定泄漏的概率，并作为预警与实际工厂数据相结合的泄漏模拟的方法进行比较。表明贝叶斯网络是一种有效的预警工具[51]。在能源预警中，基于主成分分析和自回归方法（principal component analysis-auto regressire，PCA-AR）的能源子系统预警与基于人工神经网络（artificial neural network，ANN）的能源子系统预警进行对比分析，李继尊提出在能源预警中建立 PCA-AR 的预警系统[52]；丁同玉通过开发设计资源-环境-经济（resources-environment-economic，REE）循环复合系统诊断预警系统，运用主成分分析法测算系统相对警情，采用压力指数法和压力指数矩阵测算和分析系统绝对警情，再依据加权法计算系统的综合警情，并进行警情预报[53]；周平根等结合我国国情，提出了基于物联网（传感器网络）的地质灾害监测预警系统的架构，并阐述了我国基于物联网（传感器网络）的地质灾害监测预警系统的关键技术和基础理论研究方向[54]。在电力行业，巨林仓等通过人工神经网络（levenberg-marquardt，LM）算法，建立了风力发电机组故障预警诊断模型[55]；通过设计一种风力发电机组在线故障预警和诊断一体化系统，郭艳平等阐述和论证了故障预警系统的工作原理和故障诊断方法的步骤，该系统融合了在线故障预警和故障诊断，具有自学习能力[56]。在交通运输领域，李朝安等通过构建一种便于安装、适合山区铁路沿线泥石流监测预警的接触式泥位自动监测预警系统，包括其工作原理及其软件、硬件的组成，泥位预警阈值确定方法，实现泥山区铁路沿线石流泥位信息数据采集和传输的网络化、实时化、自动化和数字化（可视化）[57]；陈晓东采用基于交通流压缩理论模型及相关算法对交通安全状态进行判断和识别，及时发布不良交通状态的预警信息，进而有效避免交通事故[58]。除此之外，部分学者，如王冰天利用层次分析法对监测警情指标进行诊断[59]。例如，傅俊元等在结合企业集团管理实践的基础上，运用层次分析法对财务风险预警指标进行权重分析，通行的指标评分法对集团企业的财务风险进行综合评估，确定企业所处的财务风险级次，从而实现对企业集团财务风险的有效监管和控制[60]；在国库集中支付风险数据缺乏的情况下，杨振有等通过层次分析法确定权重，对各项指标做量化等级处理，结合隶属度评价矩阵计算得出各单项指标评价结果，并采用模糊综合评价法得出综合评价结果，对国库集中支付风险进行预警诊断，保证预警效果的关键[61]。陈伟珂和王兴华从"人-机-环境信息-管理"出发，结合地铁施工安全管理实际，建立地铁施工灾害预警指标体系，并选取多层次模糊综合评价法对基坑开挖阶段预警指标进行评估分析[62]。

从上述各种警情的诊断方法中不难看出，各类风险的预警都是借助于数学模型来完成预测分析和通过评价其风险等级来进行警情诊断的，也就是说选择合适的运算模型和合理地确定预警等级是预警诊断的关键环节。从目前的研究成果来看，人工神经网络法、主成分分析法和自回归条件异方差法是地铁项目的预警管理的主要诊断工具。而用这些方法判断警情启动预案时，多数是以诊断灾害发生的概率和当时当地造成的生命财产损失来衡量有关灾害事故发生后果严重程度的，很少考虑风险后果的延迟性和再发性。而在地铁施工灾害中大都存在有继发事故，所以在研究该系统时必须考虑预案启动时风险发生后果的再发生性和延迟性，以及由此带来次生灾害的可能性，并判断事故警情的可控度，否则无法科学地确定预案启动的级别和应急措施的实施强度，在地铁施工灾害预警管理中，深入研究风险是否可控及可控度定量化问题是非常重要的。

3. 预案输出子系统——应急预案研究现状

地铁预警系统的输出阶段主要是根据预案提供的施工技术方法，明确不同警度及可控度对应的预案所需要资源的种类及资源强度的大小，列出资源需求清单，确保警情发生时，施工现场配备相应的资源，保证预案的有效实施，也就是在数据输出阶段制订地铁施工灾害的应急预案。

数据输出阶段主要是针对指标诊断的结果进行预案设计，最终形成应急管理。1997 年我国首次提出"应急预案编写提纲"的概念，2002 年《中华人民共和国安全生产法》颁布后 SARS 爆发，我国学者（如吴宗之和刘茂）开始逐渐重视对应急管理的研究，如从应急预案的分类、分级体系、基本内容及检验等方面对重大事故应急预案进行了研究[63]。其中，在 2004 年，刑娟娟在《重大事故的应急救援预案编制技术》一文中给出了应急预案的基本框架、体系及编制方法与步骤[64]。同年刘辉和朱易春提出对金属矿山系统中的危险源进行安全评价，通过评价结果来指导应急预案的编制[65]。在 2006 年，吴道鹏等针对突发公共事件应急预案可能存在的一些问题提出应对措施，期望建立更加规范合理的应急预案[66]。同年滕五晓为了制订有效的应急预案，基于对城市灾害应急预案的基本要素进行探讨，提出城市灾害预测评价和防灾规划是制订城市灾害应急预案的基础[67]；赵安全和商杰针对建筑行业突发事件的特殊性建立了应急救援预案，并提出编制施工工地应急预案需要注意的几个重要因素[68]。2007 年于瑛英和池宏为解决应急预案的可操作性问题，引入网络计划来表达应急预案的应对过程，并对应急预案可操作性进行了评估[69]。在 2009 年，王艳辉等根据铁路应急能力综合评价指标体系的特性，采用改进的 SP（skill point，技能点）法对该体系进行评价，从预案评价指标和评价方法等方面对铁路应急预案评价进行了研究[70]。除此之外，部分学者还从应急预案的可操作性（刘吉夫等[71]）、完备性（刘吉夫等[72]）、责任矩阵（张盼娟等[73]）三个方面对自然灾害应急预案进行了评价。从这些文献中可以总结出，预警输出的方式主要是与相应的预案对接，指明预警系统不仅要有明确的警情诊断结果——警度，而且还需要有明确的控制措施——预案，也表明预案有效性和准确性的研究也是十分重要的。

地铁预警系统的数据输出阶段主要是针对前两个阶段风险因素识别与评价后制订出相关的应急预案。在地铁预警应急管理中，Farazmand 认为国外已形成了"一元化领导、重视灾害预防、灾害抗救过程一体化"较为完善的地铁运营应急管理系统[74]。国内学者对地铁的应急预案也有相关研究。例如，在地铁施工中，周荣义和黎忠文针对地铁施工坍塌事故，运用实效模式与影响方法，研讨 TBM（tunnel boring machine，隧道掘进机）施工过程中的各种可能危险及后果，制订了坍塌事故应急预案[75]；钱勇生等针对列车在运行过程中可能出现的事故，提出了我国地铁安全管理中应急预案的分级、类型、内容要求、作用、运行和维护等一系列观点，并针对常见的几类事故给出了较为通用的响应预案[76]；佟淑娇等为了明确在施工过程中危险源的分布情况，通过对大量资料的调研和对施工的详尽考察，编制了沈阳市地铁 1 号线土建施工应急预案[77]；俞辉为了保证施工安全，从地铁车辆系统的应急处置原则、应急预案的编制、演练及执行情况几个方面，介绍了南京地铁车辆系统应急预案[78]；孙文海和李斌兵通过介绍地铁火灾发生时的几个主要的特点及其巨大的危害性，并对地铁火灾应急预案制订时所包含的主要内容进行了研究分析，提出一个较为完整的预案制订模式[79]；孙雍容和李凤菊通过分析目前地铁施工应急预案存在的问题，结合地铁事故应急救

援的基本要求，提出了适合我国地铁工程建设体制的应急预案编制流程，并编制
了地铁坍塌事故应急预案[80]；何俊翘为了提高对突发事故和险情的应变能力，
结合隧道安全施工事故应急救援的基本要求，从危险分析和应急措施两方面对应
急预案进行了研究[81]。除此之外，于瑛英针对应急预案进行了评估，一方面是
对应急预案进行综合评估；另一方面是针对效果不理想的应急预案分析其存在的
问题，并针对问题的根源进行有效处理，进而提高应急预案处置的有效程度[82]。
石彪从应急预案的事前、事中和事后等管理角度，深入研究了事前如何生成应急
预案、事中如何调整预案及事后如何完善预案的问题，以提供实时、高效的应急
决策[83]。

　　应急预案是为保证迅速、有序、有效地针对已发生或可能发生的突发事件开
展控制与救援行动，以尽量避免灾害事件的发生或降低其造成的损害，因而预警
诊断结果与预案的快速对接响应是预警系统功能实现的必然要求。

　　可以发现，国内外关于地铁工程的应急管理和应急预案的研究还处于起步阶
段，而且主要侧重于对地铁运营阶段的研究。对应地，铁施工阶段的应急预案研
究侧重于对应急预案编制的原则、应急救援有关组织机构与职责、法律责任等方
面的研究，关于预案的研究存在很多不足，缺少对应急预案实质性内容的深入分
析研究，主要体现在没有对现有的预案措施进行进一步细分，不能科学合理地得
到不同警度及可控度下所对应的预案措施，以及实施该措施所需要的资源种类及
资源强度，现阶段的当务之急是探寻一种科学的方法，解决预案阶段的划分和资
源需求的量化问题。因此，在地铁施工预警研究中，选用合适的方法对警度进行
判断并制订预案是十分必要的。

　　目前我国在地铁预警管理方面的研究已具有一定规模，并且社会关注度日益
上升。将预警管理引入地铁施工中已具有良好的科学基础，就地铁施工的现状及
预警管理的特性来讲，建立地铁施工预警管理系统有利于地铁施工灾害的有效预
警和控制，有利于灾害损失控制，使地铁的经济效益和社会效益得到充分的发
挥。在地铁施工预警管理系统建立时，按照传统的系统建立模式将地铁施工灾害
预警体系划分为数据输入、警情诊断和数据输出三大子系统，这已成为一种惯
例，所不同的是引用的监测指标和警情判断模型有很大的区别，并且在确定关键
指标筛选工具、可控度分析工具和预案资源配置方面的研究尚没有明确的研究成
果。因此在现有预警管理研究的基础上，在三大子系统的建立时，数据输入阶段
要着重建立地铁施工灾害预警指标体系，并且将指标体系定量化；警情诊断阶段
要着重解决地铁事故警级划分及可控程度定量；数据输出阶段要着重解决地铁施
工灾害预警预案资源需求的量化问题。

1.3　地铁施工灾害预警系统中的科学问题

本研究借鉴相关研究成果并立足于实践，以预警系统中核心技术为重点，解决了支撑系统运行的关键问题，运用系统工程的分析理念，将地铁施工灾害预警系统划分为三大子系统——数据输入、警情诊断和数据输出。在三大子系统的建立中，解决了以下关键问题。

1.3.1　地铁施工灾害预警指标体系的建立

在数据输入阶段，筛选准确有效的关键警兆监测指标作为地铁施工灾害预警模型的数据输入，以保证运算结果能够真正反映风险的实际情况。本研究结合非线性映射理论，采用多维关联规则技术方法和工具，建立一套完整可靠的关键警兆监测指标。

1.3.2　地铁事故警级划分及可控程度定量分析

警情诊断阶段，需要科学有效的诊断方法，以便能够快速准确地得出诊断结果，进而判断警情的警度和可控度，最终实现警度和可控度与应急预案的无缝对接。本研究利用可拓理论作为预警模型，通过计算可拓阈的方法来界定事故的预警边界和可控边界，并根据海因里希事故发生规律，划分其警情等级和可控度等级。

1.3.3　地铁预案配备资源需求的量化

预案输出阶段，明确预案施工技术方法，给出详细的预案资源清单，指导在不同警度及可控度下配置资源的强度和资源的种类，进而保证风险发生时，有效启动并响应预案。

1.4　构建完整的地铁施工灾害预警系统的理论价值和意义

1.4.1　实现预警系统的"防""控"功能

通过深入分析在地铁施工安全管理基本现状，并对构建预警系统的相关理论进行研究后，从预警过程角度出发，基于可拓学的内容，构建地铁施工灾害预警系统。近些年，地铁施工事故尤其是地铁车站基坑施工灾害发生频繁，并且后果严重，本研究以此为例，沿"界定警情—寻找警源—分析警兆—建立指标体系—确定警限—预报警度"这一预警流程，构建科学有效的预警系统，为地铁施工安全有序进行提供保障，从根本上预防和控制地铁施工灾害的发生和发展。

其价值具体体现在如下两个方面。

（1）理论意义：将可拓理论这一工具作为警情判断模型引入预警系统的构建中，为其他具有网络拓扑性、耦联性特征和易引发次生灾害的领域预警模型的构建提供理论方法和工具。

（2）实践意义：运用可拓理论建立的地铁施工灾害预警系统具有一定的实践意义，首先将预警管理细化到操作层面，其次启动更加快速准确的预警预案，以充分发挥预警系统的"防""控"功能。该预警系统在一定程度上可以减少地铁灾害事故和突发事件的发生，更好地为广大人民生命财产安全和国家利益提供保障。

1.4.2 集成施工信息支持决策

1. 集成地质勘测信息和优化施工参数

地铁施工灾害需要监测地质勘测信息包括水文条件、邻近建筑物及地下管线的变形情况、支护结构和地质结构的内力变化情况。通过比较准确的检测数据和设计预估值，对施工过程中的施工观测值与风险预期值是否一致进行检验，然后判断是否进行下一步的施工参数优化。通过上述步骤，实现动态监测信息化施工的目的，现场的施工检测技术人员和工程决策机构能通过现场监测数据判断工程施工状态是否安全。

2. 集成国家标准信息，便于对比分析

在本研究形成的地铁施工灾害预警系统的数据库中，集成了各类标准和法律法规文件，包括国家标准、行业标准、与地铁工程施工项目有关的设计规范与规定，以及安全规程、管理规定与制度等。通过比较分析理论值与监测实际数据，可快速分析和判断勘察设计的合规性。

3. 集成施工监测信息，实现实时反馈

监测信息的采集可以通过监测仪器和传感器布置在地铁施工过程中的关键位置，以便收集施工现场重要位置的数据信息的数据，并运用网络技术到达专职工作人员的计算机中，这样管理者可以通过现代技术手段进行远程管理和控制，实现处理数据和信息反馈的快速性和有效性。

其价值具体体现在如下两个方面。

（1）理论意义：将施工信息进行集成，为预警系统中的输入子系统提供大量的数据支撑，为甄选关键警兆指标打下基础。

（2）实践意义：通过对比施工现场的检测数据与设计预估值，来判断施工过程中的施工参数是否符合风险预期值，及时发现风险警兆，做好监测工作。

1.4.3　提供应急提示与后台预案对接

构建完整详细的预案库，计算预案资源的配置强度和种类，对预案进行详细分级并与警情警度和可控程度一一对应，当警情发生时，可以根据应急预案的资源清单配置资源，有效预防和减少灾害事故发生。

其价值具体体现在如下两个方面。

（1）理论意义：将可拓理论的研究成果应用到预警系统预案警度及可控度的划分中，提高警度划分的准确性，确保不同警度的应急提示与后台预案搭接匹配。

（2）实践意义：当警情出现时，可以及时有效启动相应级别的预案，确保施工安全。

1.4.4　揭示灾害预警与灾害后果可控度之间的关系

一直以来人们高度关注形成灾害影响因素的研究，在研究灾害形成机理过程中利用能量释放理论和骨牌理论揭示了灾害形成的规律和传导过程，但影响传导的实质性因素却鲜见研究。本研究引入了可控度这一定性定量指标作为研究灾害传导机制的新的切入点，以揭示事故向灾害转变的机理。

其价值具体体现在如下两个方面。

（1）理论意义：可控度指标的引入对预测灾害后果程度提供了理论依据，界定了预警预案和应急预案的启动边界和阈值。

（2）实践意义：可控度描述了预案措施对灾害的控制能力的大小，解释了不可抗力救治方法的无奈，为实践者抓住可控状态机会实现减损目标最大化提供了理论支持。

第2章　地铁施工灾害预警系统设计理论

2.1　预警管理相关理论

预警管理研究是在国外的风险管理和危机管理理论的基础上形成的，最早是在 20 世纪 60 年代由一位美国学者提出[84]，预警管理是，首先根据项目实施过程与结果是否满足管理目标的预期要求来确定项目实施中的正常状态和灾害状态，其次是对项目进行监控、预测和警告，并且在确认灾害状态的时候用一定的组织方法干涉、调控运行过程使其恢复正常状态的管理活动。其构建思路是用系统非优理论来确认正常状态和灾害状态，对灾害状态向正常状态的转换进行研究，从而实现预警监控，与此同时利用控制论、信息论和决策论对风险进行监测、评价和预防。

2.1.1　系统理论

系统是指一系列相互作用以完成某个目标的一组元素或组成部分的集合。元素本身及其之间的关系决定了系统是如何工作的。系统一般包括输入、处理、输出三个子系统[85]，如图 2-1 所示。组织或安排系统元素的方法为系统分析法，其是系统实现其功能的关键。系统必须利用边界的界定实现其余其他系统的相互区分，并利用反馈机制监测和控制其运行，以保证不断地实现系统目标。

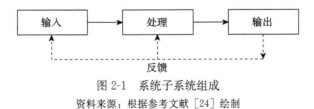

图 2-1　系统子系统组成

资料来源：根据参考文献［24］绘制

1. 系统的分类

1）事务处理系统

事物处理系统（transaction processing system，TPS）是指处理组织中每天

发生的大量事物，是最基础的管理系统。

2）管理信息系统

管理信息系统（management information system，MIS）是指通过各种媒体为管理者和决策者提供日常信息的人员、过程、数据库和设备的有机组合。

3）决策支持系统

决策支持系统（decision support system，DSS）是指用于支持特定问题决策人员、过程数据库和设备的有组织集合。系统为用户提供决策支持，强调决策速度和准确性。决策支持系统的组成如图 2-2 所示。

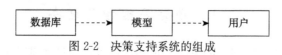

图 2-2　决策支持系统的组成

4）人工智能与专家系统

人工智能是指使用计算机系统（artificial inteligence，AI）具有人类某些智能特点，专家系统向需要建立的特殊情况的用户提供专家咨询。

2. 系统的效率和有效性

系统的性能由其效率和有效性来衡量。系统运行的效率是指系统从采集数据到结果输出的时效性，能及时反映事态的变化。系统的有效性是指对采集信息进行处理判断的准确性。

建立的地铁施工灾害预警系统，需要保证系统的时效性与准确性，在技术层面主要解决如下三个问题。

（1）信息采集时所选监测指标的确定。

（2）信息处理模型采用方法的选择。

（3）报警信息的快速反应。

这三个主要问题反映了系统运行的实质，即系统要素的选取与组织安排、要素选取得当、组织安排合理是系统实现目的的关键[86]。

2.1.2　系统非优理论

根据系统非优理论，所有的实际系统有"优"和"非优"两状态。"优"包括优和最优，"非优"包括可以接受的不好结果和损失。任一系统都不是始终在"优"的状态下运行，而往往徘徊在"非优"的范畴内。换句话说，当系统运行面临急迫问题时，并不要求实现最优化目标或寻求最优化模式，只需要有效摆脱非优事件的产生和应对非优事件产生后的结果[87]。在这种理论基础上研究预警系统的正常状态（优）与灾害状态（非优）的演化的规律，是构建地铁施工灾害预警系统的基础。换言之就是研究预警和预先控制系统的"非优"状态，这样促使地铁施工整个过程尽可能一直处在"优"的状态之中，或是能够采取及时可靠的方法在系统出现"非优"状态时迅速向"优"的状态转化，使损失控制在最小限度。

2.1.3　信息论

信息论是研究信息的传输、存储和处理的学科，亦称"信息论"为"通信的数学理论"，它主要研究在通信系统设计中如何实现信息传输的有效性和可靠性。信息是信息论的最基本和最重要的概念，它既是信息论的出发点，也是信息论的归宿。具体地说，信息论的出发点是认识信息的本质和它的运动规律；它的归宿则是利用信息来达到某种具体的目的[88]。

预警过程是一种信息传递的过程，主要表现如下。

（1）信息是预警的基础，预警需要分析信息、推断信息和转化信息，预警过程必须不断更新信息，实现信息的采集。

（2）预警信息和有关对策建议的信息通过预警最终输出的。这种预警信息是经过推断原始信息之后的有用的信息，其密集度高，具有警示性。

所以，在预警管理地铁施工灾害时要掌握信息、信息处理、信息转化和信息选择的基本原理，掌握信息运动的规律，过滤掉伪信息和干扰信息，增益除噪，把杂乱无章的原始信息转为可用于决策的有用信息和意识信息。

2.1.4　控制论

预防和控制事故发生或使损失最小是预警最终的目的，因此对警兆的蔓延和警情的扩大进行有效的控制是预警的落脚点，所以控制论的原理和方法必须应用于地铁施工灾害预警系统的设计之中。

控制论是计算机技术、数学、通信工程、自动控制和神经生理学等多学科互相渗透而形成的综合性学科。在忽略了社会、机器设备等具体构造特征的情况下，研究它们作为信息系统与控制系统的共同规律和控制方法。根据控制论：控制不论在出现哪个领域，其作为一个过程必须包含三个基本要素，即作用者（施控主体）、被作用者（受控客体）和这二者之间传递的介质，环境与这三个基本要素共同构成具有控制功能和行为的控制系统[87]。

控制包括前馈控制、反馈控制和复合控制三种形式。前馈控制是指通过观察情况、收集并整理信息、掌握规律、预测趋势，正确预计未来可能出现的问题，提前采取措施，消除可能发生的偏差，为了避免以后在不同发展阶段中可能出现的问题而事先采取的措施。因为前馈控制开始于活动之前，是开环控制，所以根据管理过程理论的观点，要进行有效的控制，管理者必须能够察觉即将出现的偏差并且能够及时提前提出一些措施，这样，前馈控制就具有了重要的意义[89]。

利用所能得到的最新信息，反复、认真地预测，将计划所需要达到的目标与预测相比较，并且采取措施修改计划，使预测与计划目标相吻合是前馈控制所采用的最普遍的方式。反馈控制又称做成果控制或事后控制，是在活动的过程中对既定的目标或期望值进行调整和影响。反馈控制是指通过控制结果和预期结果的差异不断调整控制的措施。反馈控制是事后控制，在计划执行一段时间或结束后进行，其目的是为下一步的计划实施总结经验，但它往往是管理控制工作的主要形式。反馈控制在风险管理中采用较广泛，但单纯的反馈控制会造成滞后性。因此，要想在风险预防中掌握主动性就必须将前馈控制和反馈控制结合起来，也就是说复合控制被监测项目预警风险，这样可以及时把握机会并且尽早地化解风险。

2.1.5　决策论

因为地铁施工事故的发生有客观存在性，所以对施工方案和施工技术的管理决策多数是风险决策，需要充分运用风险决策原理设计预警系统。一般来说，决策具有时滞性，包括信息时滞、决策时滞、实施时滞和效果时滞，即

总时滞 T＝信息时滞 T1＋决策时滞 T2＋实施时滞 T3＋效果时滞 T4

其中，信息时滞表示从发出客观事物的信息到决策者所接受的有效时间，有信息处理时滞和传输时滞；决策时滞表示决策者根据决策信息做出正确决策所需要的时间；实施时滞表示把决策变为行动将行动实施所需要的时间；效果时滞表示实施决策之后到能够产生效果所需要的时间[90]。因此，在研究地铁施工灾害预警系统时要充分考虑决策过程的特征，缩短总时滞，才能使系统达到快速反应的目标。

2.1.6　可控度

在控制理论的研究过程中，相关学者开始研究控制过程、控制方法逐步到关注系统的输出结果控制的难易程度，即重点研究的可控度。

系统可控性的概念最早是 Kalman 于 1960 年提出的，但是可控性量化方法在现代控制理论中并没有被提出，可控性是一个二进制的简单概念，即系统可控或不可控。其中可控性（能控性）是指当用状态方程描述系统时，给定系统的任意初始状态能够找到容许的输入量（即控制矢量），在有限时间里把系统的所有状态引向状态空间的原点（即零状态），这样系统是完全可控的；不可控性是指如果只对部分状态变量能够做到在有限时间里把系统的所有状态引向状态空间的原点（即零状态），那么系统不可控。

根据可控度的定义，很多学者和专家从不同的角度对可控度的应用领域进行了诠释。例如，杜设亮等认为从系统被控制难易程度的角度来说，可控度作为一

个定量指标，用来衡量一个系统被给定致动器控制后的效果。致动器的配置能够影响模态的可控度，可控度越大，系统的控制效率就越高[91]；陈德成和杨靖波从控制该系统所需要的能量的角度，考虑到实际情况，如果某状态在理论上可控，但是可控度很小，那么需要花费很大的控制能量才可以将它控制，更有甚者，可能实际的执行机构也无法提供这样的能量。基于此，则认为这种状态在实际上是不可控的[92]；张志谊等从系统被控制的概率的角度，在前提为可控的情况下，评价模态受控难易可以以模态的可控程度为尺度，增大模态的可控度能够实现对结构振动的有效控制[93]。黄均亮对信贷风险可控度不讨论风险的大小，而讨论风险可以被控制的概率[94]。从以上对可控度的内涵定义的总结中可以发现：可控度越大，系统越容易被控制，控制所需要的能量也越少，被控制的概率越大；反之，可控度越小，系统越不易被控制，控制所需要的能量也越多，被控制的概率越小。

对于可控度的研究，目前只有在系统动力学中采用定量的工具定义和计算，其他领域尤其是金融、工程的领域，研究因素可控性的比较多，而对系统的可控度却少有涉及。而系统动力学中对可控度的定义包括两种：具体的内涵定义（是将一个物件与其他物件之间不同的所有特征列举出来）和抽象的概念。

通过在地铁风险管理中引入控制论中的可控度这一概念，在充分识别警兆的情况下，将警情可控程度定量化，并分析警源的可控情况，将定量化结果与其他警情诊断结果相结合，从而启动相应级别和强度的风险应对措施（即预案），不仅解决了预案启动级别和强度准确性问题，而且也对资源有限情况下的多警兆同时出现的应对措施提供了决策依据。若在预案启动时不考虑风险后果的延迟性和再发生性，对事故警情进行可控度的判断，其预案启动的级别和组织措施实施的强度都将缺乏依据。所以在地铁项目中对风险是否可控及可控程度的研究十分必要。

2.2　预警系统设计相关理论

预警系统是包含采集、处理和分发各类灾情信息的枢纽，最终的目的是要为相关管理部门和公众做出各种应急对策，采取有效的行动，提供可靠的依据。而地铁施工灾害预警系统，就是在地铁施工全过程中，运用一定的方法预测基坑或盾构下一步施工后产生的内力、位移等变形，并根据基坑或隧道安全性的判别依据，对基坑或隧道及其周围环境做出安全性的评价，并采取相应的补救或预防措施，可以说构建地铁施工灾害预警系统是主观与客观、科学与经验、定性与定量、内部与外部的有机结合过程。

地铁施工灾害预警系统是一个复杂的大系统，是由设计、施工、监测及动态预报组成。该预警系统理论具有多学科交叉和多领域知识的融合特点，包括地质、水文及气象条件、土力学、结构力学、施工组织和管理科学等多学科的知识。地铁的设计、施工和监测的过程中自始至终都应当贯彻预防、预测和报警的这一基本思想，其为预警管理提供一定的决策支持。

2.2.1　预警运行的基本流程

地铁施工灾害预警运行的基本流程的实施大致归纳为明确警情、寻找警源、分析警兆、预报警度和启动预案五个步骤。其中，预警管理的最基本和首要的工作是确定警情，寻找出警源、深入分析警兆是引入定量化分析手段对警情因素进行量化分析；预报警度是地铁施工预警的最终目标；启动相应的预案是为预防和减少灾害发生最终采取的措施。其基本流程如图 2-3 所示。

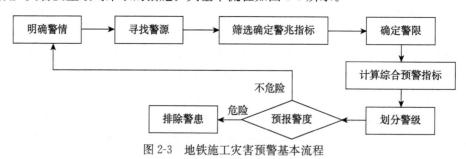

图 2-3　地铁施工灾害预警基本流程

1. 明确地铁施工灾害预警的警情

地铁施工灾害预警的基本前提是明确警情。警情是指地铁施工灾害预警系统中出现的重大危害的现象或问题。在警情不清楚的前提下，预警的进一步分析就会变得盲目。确定警情之后，结合定性和定量研究方法判断地铁施工处于安全运行状态下的阈值，当实际监测值超出这一限度时，就预示着警情的发生。

2. 寻找地铁施工灾害预警的警源

预警的根本目的是预防和控制事故的发生，因此寻找引起警情的因素或根源，即进行"警源"分析，才能科学有效地构建地铁施工灾害预警系统，以便当警情出现时，能够采取合理有效的控制措施，矫正警情的各个指标，达到预防效果。

3. 确定地铁施工预警的警兆

地铁施工灾害预警的警兆主要是指地铁灾害产生的警情即将发生的迹象或征兆。一般而言，地铁施工灾害警兆是警情发生的先导指标。警兆可以是警源的扩散，也可以是警源扩散过程中的其他相关的共生现象。可以根据工作人员的长期经验分析或者警源判断警兆，分析警兆是预警的关键环节[95]。可以说，地铁施工灾害预警的警兆确定以后，再确定地铁施工安全运行的合理波动范围，然后根据实际值是否超出这个区间进行报警。

4. 进行地铁施工灾害预警分析和预测

警情分析和预测就是通过建立警情指针的合成模型，科学合理地运用的统计学方法和工具，计算综合预警指针模型，参照警限阈值，划分预警等级、预报警度，从而消除安全隐患。

5. 启动相应预案，提出地铁施工灾害预警的对策建议，排除警患

根据灾害事故预警分析结果，预测风险的危害程度、影响范围和发展趋势，同时结合地铁施工现场的实际情况，启动相应的预案措施，控制事态恶化，充分发挥预警系统的监测预报作用，达到预警系统的最终目的。

2.2.2　系统框架

预警管理是运用多学科和理论的综合管理，由预警管理理论的研究综述可知其包括系统理论、信息论、控制论和决策论等。地铁施工灾害预警系统是多个子系统组成的复杂巨系统，涉及多学科领域的知识。地铁施工灾害预警系统是管理信息系统（MIS）、决策支持系统（decision support system，DSS）和人工智能（artificial inteligence，AI）与专家系统这三个系统的整合和集成，具有分析警情、确定警度、输出相应预案的功能。预警子系统与管理信息系统、决策支持系统和人工智能专家系统这三个系统对应，如图 2-4 所示。

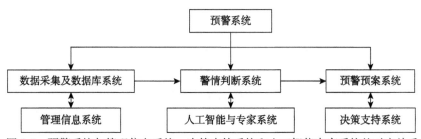

图 2-4　预警系统与管理信息系统、决策支持系统和人工智能专家系统的对应关系

由图 2-4 可以看出，所建立的地铁施工灾害预警系统实质上是管理信息系统、决策支持系统和人工智能专家系统集成产生的一个信息决策系统，是一系列相互关联的可以收集、存储、处理传播的数据和信息的集成。结合系统理论知识和传统的系统建立模式，地铁施工灾害预警系统必须包括数据输入、警情诊断和数据输出三个子系统。数据输入是获取和收集原始数据的活动，有多种数据与多种收集方式，处理将数据转化为有用的输出，包括计算、比较、替换和存储

等操作；警情诊断是对输入信息进行的综合分析、计算和评价的过程；数据输出是将系统综合判断的结果生成有用信息，常以信号、文档的形式出现。反馈是用于调整或改变输入和输出的处理。本书构建的预警系统的子系统组成如图 2-5 所示。

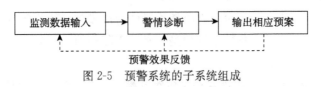

图 2-5　预警系统的子系统组成

2.2.3　需求分析

需求分析是系统设计的基础工作，也是开展后续工作的前提。需求分析需要系统设计人员与用户进行商定，本书在进行需求分析时，对近年来地铁施工灾害进行统计分析，并利用利益相关者理论识别地铁施工的利益相关者，通过理论研究分析和多次实地调研，深度挖掘他们的诉求期望，准确描述项目利益相关者的需求。

1. 需求分析的目的

在系统开发前，研发人员必须对系统使用者的需求有深入的了解，以降低研发与实际需求的差异，为使用者设计简便使用的操作系统。

（1）统一用户和系统分析设计人员对本系统在功能上及性能上的认识。

（2）明确系统设计的依据。

（3）明确系统验收的用户标准。

最终，需求分析生成——需求分析报告，作为研发单位与用户单位今后解决问题的依据之一。事实上并不是所有的功能都要写入需求分析，由于预警系统监测和预报的局限性，要求系统的开发和设计者，根据实际实现的可能性对需求进行整理，可以说地铁施工灾害预警系统设计的第一步工作就是对系统的需求进行分析，预警系统设计前期的需求分析在很大程度上影响着预警系统能否成功地应用到项目施工的实践中。

2. 需求分析的原则

（1）分解简化原则。先分析总体要求，再用结构化的分析方法或者理论将需求进行分解简化。

（2）抽象需求具体化原则。理解问题的结构并深入系统的设计，将利益相关者的需求翻译成系统需求。

（3）高服务低成本原则。在提高服务的同时，尽量降低或者控制预警成本，提高使用价值。

3. 需求分析的要求

（1）无歧义性。对每一需求只有一种解释，即需求定义的唯一性[96]。

（2）完整性。包含利益相关者的每一个必要的需求。

（3）一致性。所有的需求不互相矛盾，要达成一致。

（4）现实性。需求必须是在经济合理的范围内，且是现阶段科技可以实现的。

（5）可验证性。系统的设计完成后，能够验证预期需求能否满足规定的要求。

4. 系统需求分析

关于利益相关者的定义很多，由于它是多概念的交叉，具有立体性，所以应该基于不同的维度和视角，动态地、有针对性地定义利益相关者。前人对利益相关者的定义初衷之一就是为了方便研究和制定需求边界。本书对利益相关者范围的表述为：凡是与地铁施工有直接关系或间接关系的个人或团体都是地铁施工的利益相关者。

1）利益相关者的识别和表达

初步界定了利益相关者的概念之后，下一步要进行利益相关者的识别和需求表达。利益相关者是系统的设计成功与否的关键因素，那么就需要寻求科学的理论和工具将利益相关者识别出来。管理学中采用专家经验法或者头脑风暴来简单地确定利益相关者。2008 年，山东大学的丁荣贵教授针对该问题提出了一个立体模型，具有一定的逻辑性和科学性，为此我们借鉴该理论成果，来识别地铁施工的利益相关者，其三维模型如图 2-6 所示。

从图 2-6 中可以看出，三维模型是由任务维、角色维和过程维组成的，其中过程维代表的是项目所处的阶段。从项目的整个过程来看，利益相关者随着项目的进度不断地变化，每一个利益相关者并不是存在于项目的全过程，而是在某一阶段介入，又在另一个阶段退出。任务维和角色维受过程维的影响，项目所处的阶段不同，那么任务和角色也就相对改变。

活动的规划、操作和维护共同组成任务维，其主要是确定不同阶段的任务内容。活动策划是指解决某一阶段的工作任务责任人。活动的执行就是完成策划明确的工作任务。活动的维护是为完成工作任务准备所需的资源。

活动的任务明确后，然后指定完成任务的责任人，这是建立利益相关者关系的难点。在该模型中，角色被分成了使用者（受益方）、项目的影响者、任务的执行者（操作方法），以及管理决策者和信息传递者。

利益相关者的需求表达是指在对利益相关者进行识别后，挖掘他们的诉求和期望，并将其明确地变为项目利益相关者的需求。利益相关者的需求边界很难表

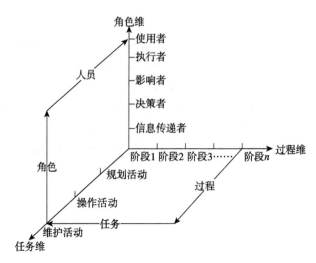

图 2-6　利益相关者识别的三维模型

资料来源：依据参考文献［97］绘制

达清晰，不同的利益相关者之间的需求往往相互矛盾，有时候需要依据一个准则进行平衡和取舍，所以需求表达是分析的重点和难点。

本书将利益相关者理论运用到地铁施工灾害预警系统需求分析中，再根据上述需求分析的目的、原则和要求，结合地铁施工灾害预警系统的特点运用利益相关者理论进系统设计的需求分析。地铁施工工程范围广，涉及参与方多，在进行需求分析时应首先考虑各利益相关者的诉求和期望。

2）地铁施工灾害预警系统的利益相关者需求分析

通过多次深入天津地下铁道集团有限公司观察和了解，地铁施工项目利益相关者不仅包括项目的实质投资人，也包括那些利益受到项目影响程度较深或能够对项目施加影响程度深的个人和组织。例如，地铁建设单位、承包商、使用者、监理单位及金融财团；还包括那些并没有对项目直接投入生产要素，但受到项目影响或影响项目实现程度较深的人或团体，如相关政府及项目所在社区施工场所周围群众等。不同的利益相关者不可能对所有问题都达成一致，其中一些群体比另一些群体有更强的影响力，深入研究各利益相关者的不同需求和平衡各方利益是系统设计优先解决的问题。

经实地调查了解，地铁建设工程利益相关者的需求分析如表 2-1 所示。

表 2-1　地铁建设工程各利益相关者的需求分析

利益相关者	具体需求表达
建设单位	预警准确，反应迅速，实现预案资源的定量化有效配置，保证预警系统的经济和合理化
施工单位	预警系统反应迅速，预警信息诊断准确、及时、有效；输出端输出信息简单明了，便于读取信息，方便施工方尽快掌握警情；预案的资源配置明确，应急和预防措施实用性和可行性强
监理单位	监测指标准确可靠；界面表示清晰，易读取，能够实时观测动态的监测数据
地方政府	有效预防和减少地铁施工安全事故，为地铁施工提供安全保障
使用者	多终端输入，数据输入界面友好直观、简明适用、便于操作，方便指标数据的实时监测、采集和及时上报、反馈
施工场所周围群众	预警系统能够有助于确保安全、文明施工，保障群众的正常生活环境

2.2.4　功能设计

在需求分析的基础上进行系统的功能设计，即将需求一对一翻译或转化为系统的功能，以确保实现系统预定的目标。

1. 功能设计的目的

功能设计的根本目的是建立一套完整的地铁施工灾害监测预警系统，建立监测指标体系，解决警兆和警情复杂的非线性映射问题，细化预案分级，实现预警系统的科学化、智能化，"防""控"结合，有效地减少和避免地铁施工灾害事故的发生。

2. 功能设计的原则

（1）采用先进的系统架构和符合用户需求的系统设计方法。系统的架构往往决定了系统的扩充性，使系统具有可以方便修改和增减的功能。特别是针对需要多单位、多部门参与的地铁建设工程，采用多层功能结构体系，保证了系统的稳定性、安全性和可维护性；使用网络和智能技术，使系统具有更高的扩展性和开放性，这是一个成熟、实用的预警系统必须具备的特点。

（2）需求分析的结果能影响整个系统功能的实现。需求分析是整个系统设计工程中最为关键的过程，影响系统能否实际应用。系统的功能设计是在需求分析的基础上实现的，在地铁施工项目中进行需求分析要尽可能多获取相关数据信息，然后依据利益相关者的需求设计系统的功能，保证系统的科学性、合理性。

（3）系统应具有高效集成和可扩展性，增强系统的兼容功能。成熟的系统首先应该是个开放的集成环境，便于系统的完善和升级。建立起一套完整地铁预警系统，不但可以辨别各种警情、监测关键的警兆指标，还能为规避和减低风险提供决策支持。因此，地铁施工灾害预警系统设计时应高瞻远瞩，提高系统的兼容性，预留必要的接口，减少物质和劳动的损失与浪费。

（4）系统的功能设计要实现信息化、智能化和人工干预相结合。随着计算机技术和信息技术及人工智能的快速发展，预警系统作为一种辅助分析决策系统，要结合现代科技产物，最大限度地提高监测数据采集、传输和处理的时效。在限制资源（如资金、材料等）不充足时，为满足特殊情况下系统的管理者和使用者评价、预测和决策的需求，应该结合人工管理进行柔性调整[98]。

（5）优化数据库是风险预警系统重要的组成部分，是数据的输入、数据分析、模型构建和输出结果等各个程序依靠的基础[99]。构建完整、合理的数据库系统，要求数据的使用具有安全性和可恢复性，一般用户和专业管理人员拥有不同的使用权限，并提供数据备份和恢复功能[100]。这样可以进行数据或信息的有效处理和保存，提高警情诊断的可靠性和数据的利用效率。以往的数据库的缺点是只注重对历史数据的检测、查询和对比分析，现阶段对数据库进行整合和优化主要是在结构上和使用上进行优化。结构上的优化要求设计者深刻了解预警系统的需求和功能，并基于数据分析和优化的角度构建完整的数据库。用户端的优化要求在系统的前期设计时充分考虑用户的功能需求进行参数设计，而不是在系统开发完成的售后阶段再进行数据库的优化。例如，在评价预测系统中的调整和设置指标参数，对系统的成功应用可以起到关键的作用。

（6）应用界面友好直观，便于操作。为了达到形象生动的效果，设计者可以为用户提供图文并茂的可视化的操作平台。另外，系统应具有自定义设置功能，便于用户自定义界面、功能的属性，获得个性化、舒适的用户体验。

3. 功能设计的要求

（1）通用性要求。适当调整用于不同平台、不同地域和不同模型的可行性，满足多终端的输入数据和多终端的发布警报，便于管理和施工人员能够通过电脑、手机等通信设备实现预警管理。①视频输入。在地铁施工过程中，设有可视化的视频输入系统，这样预警系统能准确有效地处理采集的视频信息，判断警度大小及可控度大小，触发预案系统，提示监控人员和施工人员对警情进行处理。②人工输入。在施工过程中，监测人员可以把巡视过程中发现的风险信息输入软件操作系统，根据输入的信息，触发预案数据库。

（2）扩展性要求。当系统需要输入新数据的时候，能够对原有的信息进行替换，并进行重新的编辑和整理，实现系统的升级。

（3）敏感性要求。对关键参数调整或变更的反应，及时分析动态监测采集的信息，判断出风险等级，自动与已建立的预案数据库进行连接，给出与之对应的预案措施，使施工人员、监控人员能够及时根据提示、信息处理施工过程中的问题，即实现预警的快速响应。

（4）可实现。功能设计的前提必须是可实现的，即现有的科技成果、理论技术、多媒体网络技术和数据库管理技术能够为功能提供技术和理论支持。

在数据采集端监测人员配备一台输入终端（手机或平板），内设数据输入端口，并可进行摄录功能，将现场情况以表格、图片、视频的方式上传处理端。在监测设备的传感器端设置网络装置，将数据上传到数据处理端。数据处理端设置一台服务器，将采集上的数据进行分析，并设置一台大屏幕，显示处理结果。管理端中的决策端设置移动终端，决策者可在指挥部以外的环境下进行决策。在建立终端之后建立局域网络或使用移动通信连接，实现信息在各终端之间的传递，为系统的运行与快速反应奠定物质基础。地铁施工灾害预警系统网络拓扑结构如图 2-7 所示。

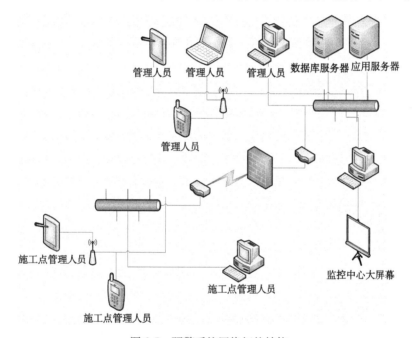

图 2-7　预警系统网络拓扑结构

4. 地铁施工灾害预警系统功能设计

根据上述需求分析，地铁施工灾害预警系统进行相应功能设计，满足各利益相关者的需求。针对需求分析整理出具体需要的功能。

（1）系统诊断反应的准确性与快速性。

（2）系统涉及范围的广泛性。

（3）预警系统预案的指导性。

（4）预警系统信息采集的难易程度。

（5）系统界面、分析处理界面的友好程度。

针对上述分析，按照系统功能设计的原则，地铁施工灾害预警系统的功能设计如表 2-2 所示。

表 2-2   预警系统的功能设计

功能	具体功能
输入	实现数据输入界面的友好，方便指标数据的实时监测、采集和及时输入
	构建一套地铁施工风险监测的关键指标，并对监测指标划分警限，建立指标物元模型和警情现状物元模型。基于上理论技术，输入子系统能够更好地甄选施工风险监测项目，实现系统监测数据的准确性、有效性的输入及地铁基坑施工风险管理的"防"与"控"功能，并能及时接受诊断与输出端反馈的信息，为数据处理子系统的警情分析与判断功能做基础工作
数据处理	综合运用可拓理论进行警情诊断，确定警兆监测指标权重，计算出关联度并判断出警度及可控度，实现警情可控度的定量化和针对预警信息的快速准确的处理，为预案输出和应急资源设置做好准备工作
输出	基于警度及可控度的定量化的研究成果，完成对现有的地铁施工应急预案的细化分级，并列出不同警度及可控度对应预案措施所需要的资源的种类及其强度，解决预案资源需求的量化问题
	预警信息输出准确有效、简单明了，输出端应便于读取信息，方便各方管理者能尽快掌握警情

2.2.5　各子系统设计

在分析了系统所需实现的功能后，接下来对功能的具体实现进行设计。系统功能的实现，即进行系统元素的设计与组织安排，在具体实现的过程中进行各子系统之间的连接与功能设置。

1. 子系统设计的目的

地铁施工监测预警系统是一个多目标复杂巨系统，它包括监测指标的甄选、数据的获取、整理、分析、筛选、诊断，以及预案分级和资源配备，为了便于详细设计预警系统，我们将这个庞大预警系统按照流程划分子系统，即警兆输入、警情诊断和预案输出子系统，分别设计每个子系统，其目的是为了实现上述具体功能，进而满足各利益相关者在施工阶段的需要。

2. 子系统设计的原则

在上文中已经阐述了系统建立的原则，各个子系统由于具有不同的功能特性，在此对子系统的设计原则进行介绍，以保证整套系统的有效实现。

1）预测性原则

监测指标甄选必须能够有效预测未来施工风险，并通过对潜在风险的监测，帮助决策者和管理者采取有效措施加以防范，把风险消灭在萌芽状态，防患于未然。

2) 动态性原则

在数据的输入和监测阶段，监测应是一个动态的分析过程，系统必须根据施工阶段、施工风险的变化而不断修正、补充监测的内容。

3) 成本效益原则

预案和资源配置还要遵循成本效益原则，使预防和减少风险发生使用的资源价值小于灾害事故发生所带来的经济损失，使预警信息产生的现金流量价值大于预警信息产生的现金流量成本，保证该预警系统的经济性和合理性[101]。

3. 系统子系统设计的要求

（1）系统子系统衔接紧密。子系统之间的具有严谨的逻辑关系，预警系统是由输入、诊断和输出三大子系统组成，每个子系统都需要独立完成设计功能要求，三个子系统又是相互承接和依赖的关系，输入子系统筛选监测指标，为诊断子系统提供精确有效的数据信息，诊断过程的客观和高效，为输出子系统提供警度和可控度，为预案分级提供基础，预案的反馈又为输入和诊断的不断改进和完善提供支持。

（2）兼容性要求。其是指不同结构、不同精度和不同类型的数据信息的融合或数据同化，以便实现子系统之间的不同数据的紧密对接。可以说，准确的数据是整个预警系统有效运行的保证，预警系统需求的满足，功能的实现，都是由数据做支撑，因而只有不同子系统之间的数据实现完美对接，才能有效实现系统的功能。

（3）灵活性要求。在不同的空间时间中，子系统具有多层次、多状态的特性，因此为了实现不同时空同一层内分子系统的无缝衔接拼合及集成（拆分式），要求子系统具有较强的灵活性。

4. 地铁施工灾害预警系统子系统设计

子系统设计是指实现系统功能的模块设计。地铁施工灾害预警系统是由警兆输入、警情诊断和预案输出三大子系统组成。

警兆输入子系统。警兆输入子系统是指采集数据的端口，是实现人机交互的平台。在警兆输入子系统设计的过程中其监测指标选取是重点，其选取的指标必须能够准确地反应警情变化，并有一定的前瞻性，即能预判警情的发展趋势。

警情诊断子系统。数据处理子系统即诊断子系统，是地铁施工灾害预警系统的关键，在本子系统对输入的数据进行客观、准确的计算处理，根据设定的规则、方法计算出警情的程度与等级，发出预警信息，为使用者提供应急的决策支持。

预案输出子系统。输出子系统是根据警情的等级触发相应的预案。输出子系统为了实现预警的快速反应，将预案按照警情的严重程度分成了不同的级别，根据诊断子系统确定的预警等级制定相应的人力物力等资源处理应急事件。

由功能分析可知，为弥补以往地铁施工灾害预警系统设计中的分析不足，本书在子系统设计的过程中，集中解决三大问题，如图 2-8 所示。

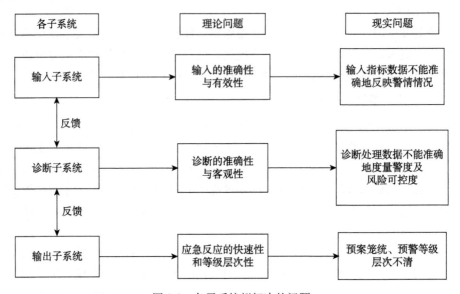

图 2-8　各子系统拟解决的问题

综上所述，各子系统设计需解决以下三个问题。

（1）选择合理有效的关键警兆指标作为系统的数据输入，以保证系统的诊断结果能够切实客观地反映实际风险的大小。

（2）采用科学有效的诊断方法，快速准确地运算出诊断结果，进一步地判断警度及可控度。

（3）根据警度及可控度，将预案分级，实现快速准确的反应。

2.3　本章小结

预警管理早在 20 世纪 60 年代就被提出，但对于地铁施工灾害预警系统的研究却一直没有较大的突破。本章结合预警管理的相关理论，对地铁施工灾害预警系统的设计进行了详细说明，为之后章节的研究打下基础。本书针对地铁施工灾害预警系统的特点，并基于本章所述，在警兆输入子系统中结合非线性映射理论，同时引入多维关联规则算法对风险源进行识别，对警兆监测指标进行筛选（见第 4 章、第 5 章）。在警情判断子系统的研究中引入可拓理论，建立了可拓物元模型并得出相应结论（见第 6 章）。最后，在预案输出子系统的研究中采用 FMEA 方法（见第 7 章）整合了各类应急措施，对预案系统的资源进行了规划和有效配置。

第3章 关键技术在预警系统中的运用

3.1 警兆输入子系统

3.1.1 理论依据

1. 非线性映射

线性关系是指量与量之间按比例、成直线的关系，在空间和时间上代表规则和光滑的运动；而非线性则是指不按比例、不成直线的关系，代表不规则的运动和突变。自然界和工程技术中出现的大量问题都是非线性的。非线性系统中各种因素的独立性丧失，各部分之间彼此影响，发生耦合作用，这是产生非线性问题的复杂性和多样性的根本原因。

一般称线性空间上不满足线性条件的映射为非线性映射，亦称为非线性算子。在更广泛的意义下，亦称定义在非线性空间上的映射为非线性映射[102]。萨蒙（Sammon）在 1969 年提出非线性映射算法，它是一种既能够保留样本在原始空间中的拓扑结构，又能将模式之间的距离信息反映在映射平面上的算法。它的核心思想是降低空间数据的维度，即将高维空间的几何图像变换成低维（一维、二维或三维）空间的图像，要求变换后仍能近似地保持原像的几何关系。例如，杨志勇等认为影响结构阻尼的因素有周期和结构的高、宽、长及基础埋深等 n 个，将所有结构阻尼试验点映射到二维平面上，根据点聚图上试验点的分布，对未知的结构阻尼进行估计[103]。程毛林认为影响税收收入的因素有工业增加值、职工人数、投资额和出口额，将各样本点映射到二维平面上，模型显著进而可以直观的预测经济[104]。在地铁施工中，各种类型的风险在复杂的施工环境下相互作用形成的风险组合众多，风险因素在不同的条件下，其影响地位也不同，且因素之间的相关性也不断变化，因此对所有的风险组合同时进行监控很难实现。这促使我们去寻求能综合众多风险因素的途径和方法。而刘贤赵和李嘉竹则认为非线性映射的另一种核心思想是将高维变量综合为少数几个综合变量，使综合指标能够最大限度地表征原来多个指标的信息。例如，对于海水入侵灾害问题，确定影响因素后，利用非线性映射方法降维，使 7 个指标转换成 2 个指标，可以准确分析海水入侵灾害危险程度[105]。针对岩体边坡稳定性问题，众多因素相互作用，呈高度非线性关系，谢全敏等对其进行降维处理，得出 6 个主要影响因素（岩石质量、岩体完整性、软化系数、风化系数、滑面倾角和岩层倾角），对岩体边坡稳定性的预测更加准确[106]。而水上交通事故的发生，是由于因素之间不协调作用产生的，根据专家访谈及问卷调查方式对众多因素降维，童飞得出 7 个关键影响因素（船员平均水上资历、船龄、风、能见度、水深、水流和交通密度），抓住了事故原因的本质，建立了有效的事故预警体系[107]。氢氮比控制在合成氨方面至关重要，而影响氢氮比的因素也有很多，邱添选取 5 个因素作为原始数据，经过非线性主成分分析，降维得到 2 个主要影响因素，即一段炉原料天然气流量和二段炉空气流量[108]。在本书的研究过程中，主要是运用第二种思想，从灾害事故案例入手，分析事故的引发因素。

地铁施工灾害事故的发生是由风险组合内的因素共同作用产生的，风险组合由一个或多个风险因素组成，风险因素与风险组合之间呈高度非线性关系。将这些风险组合内的因素进行非线性映射处理，即可筛选出在众多风险组合中都包含的因素，将它们称为关键因素。因此，可以通过控制关键因素的发生从而有效控制事故的发生，实现安全管理。而对于如何筛选关键指标，本研究拟采用关联规则算法。

2. 关联规则研究综述

关联规则是由 Agrawal 等首先提出的一个重要的数据挖掘算法，它的核心是基于频集理论的递推方法，使非精确的数据存储到数据库中[109]。Chen 等认为关联规则的数据挖掘是指从大量的数据中挖掘出隐含的、未知的、用户可能感兴趣的和对决策有潜在价值的知识和规则[110]。Lavangnananda 认为当传统的数据统计方法无效时，关联规则能从大量数据中挖掘[111]，并且 Soni 等利用关联规则挖掘出的数据更有效，从而特别适用于协助各领域的专家做决定[112]。

数据挖掘近年来也引起了我国学术界与产业的广泛关注。对关联规则的数据挖掘技术研究大致可分为两方面，即应用研究和理论研究。在应用研究方面，基于关联规则的数据挖掘技术广泛地应用于生产生活的各个方面。例如，保险业方面，田金兰等利用关联规则得出对保险公司起指导作用的控制投资风险的规则，从而发现保险业数据中有关投保和理赔的规律，实现公司的盈利[113]。研究生教育评估方面，瞿斌和王战军采用关联规则分析了数学模型拟合和语言文字表述两种方式之间的相互关系[114]。电力行业方面，结合电力的特殊性，侯雪波等将关联规则应用于电量销售与电价、气温、降水等影响因素之间的关系，说明了关联规则的分析方法对电力市场营销具有一定的辅助决策意义[115]。进出口贸易方面，徐江勇利用多维关联规则从大量的进出口贸易数据中发现有价值的关系和规律[116]。交通运输业方面，罗五明和韩平阳通过数据挖掘的关联技术对交通事故数据进行处理[117]，尚威等提炼出导致交通事故发生的频繁因素组合以发现某些事故发生的规律[118]；或是结合大量的真实交通事故案例，如王宏雁和王淇对复杂的交通事故信息进行处理，探求符合真实规律的关联规则[119]。食品安全行业方面，顾小林等将关联规则应用到食品生产加工的安全领域，建立了基于关联规则挖掘的食品安全信息预警模型，挖掘导致食品安全问题的因素并进行诊断和预警[120]。现代网络技术应用方面，何月顺利用关联规则的特点构建关联规则树，对树的搜索策略、分类策略及参数选择进行了研究，提出了 Apriori 算法的改进方法和分布式关联规则挖掘算法等，提高了关联规则的挖掘效率[121]。陈湘和吴跃通过概念格的关联规则挖掘算法在 GIS 的空间数据挖掘的实际运用效果，说明此算法在 GIS 的数据挖掘中具有可行的应用价值[122]；或将关联规则应用于网络故障研究，吴简综合讨论了层间模糊关联规则挖掘、分布式模糊关联规则挖掘及多支持度动态模糊关联规则挖掘算法，全方位地进行了网络故障相关性分析，建立模糊推理系统，旨在快速准确地进行网络故障诊断、定位与恢复[123]。中医药行业方面，刘智将关联规则挖掘理论引进到中医诊疗中以找出产生病灶的原因[124]；郭超峰等对 2002 年以来关联规则技术在中医药研究中的应用进行了回顾和展望[125]。其他行业方面，何跃等将关联规则挖掘理论运用到微博发布的舆情数据挖掘中[126]；熊回香将其用于对 Tag 资源的重新组织中[127]；冯秀珍挖掘并将关联数据理论运用于药品不良反应的预警中[128]；刘萍和胡月红用于获取情报学本体内容[129]；陈伟珂等利用关联规则工具挖掘出施工事故潜在的关系，具体展示"人-机-环境-管理"和事故发生类型之间如何挖掘强联规则的过程[130]。

　　在理论研究方面，我国学者李学明[131]最早给出了关联规则的算法路径；其他学者对关联规则技术的不足（沈斌[132]）、关联规则 Apriori 算法中频繁项集的相关问题（王培吉等[133]）、多层次关联规则的数据挖掘问题（毛宇星[134]）、关联规则中数据关联和频繁模式表达的简化（王玮[135]）等相关问题加以解决和完善。伊卫国通过研究给出了关联规则挖掘与决策树算法[136]，余莉等对我国 SSCI 文献数据进行了关联规则分析[137]。在心理测量的应用中，王冬燕等使用关联规则方法进行变量间的相关分析时，能够更加简易、有效地获得变量间的相关规则[138]。另外，王立华等基于关联规则 Apriori 算法的改进算法和 IASR（IP，agent，session，referrer，IP，代理，会话，来源）用户识别算法开发的渔业信息推荐系统，使用户方便快捷地获取自己感兴趣的渔业数据信息[139]。

　　通过相关国内外学者的研究可知，国内很多学者和专家基于不同的角度对关联规则做了扩展研究，集中体现在以下两个方面，一方面是将经典关联规则解决问题的范围进行扩展，改善了经典关联规则挖掘算法兴趣性和效率；另一方面是把更多的因素归集到关联规则算法中，打破了关联规则原有应用领域的局限性，进一步拓宽支持了管理决策的范围。另外，越来越多的领域开始应用关联规则，在大量的事故数据或行业信息中发现导致事故的不确定因素间的频繁项集，进而产生强关联规则，为关联规则的使用提供了成功的案例和实践基础。关联规则是一个简单实用且有效的数据挖掘技术，具有潜在的学术价值和商业价值。前人的研究成果为运用关联规则方法分析地铁施工灾害事故奠定了理论和实践基础，因此，本研究将采用关联规则算法筛选出地铁施工灾害发生的关键监测指标，然后建立监测指标体系，为辅助管理者决策做出贡献。

3.1.2 具体运用

警兆输入子系统主要解决数据输入的准确性与有效性问题，即建立全面、完整和客观的地铁施工灾害监测指标体系，监测指标是反映当前警情的重要手段，为系统诊断奠定坚实的基础。

地铁施工中的不确定性因素众多，一个或多个风险因素可以构成一个风险组合，灾害事故的发生就是风险组合内的因素相互作用而造成的。在复杂的施工环境下，风险因素之间相互作用形成众多风险组合，对所有的风险组合同时进行监控很难实现，而通过某一单一警兆又无法判断事故是否发生。因此，只有解决了风险因素与风险组合之间的非线性关系，找到对事故发生有重要影响的因素，通过控制某一因素的发生从而控制由它所作用的众多风险组合发挥作用，最终达到控制事故发生的目的。本研究中将风险因素与风险组合进行非线性映射处理，得到对多个风险组合都起重要作用的因素，并将其定义为关键因素，关键因素所对应的指标即为监测指标。

在监测指标建立的过程中，必须分析以往的灾害数据。本研究综合地铁施工进行风险管理研究，深入地铁建设单位进行实地调研和考察，查找历史灾害数据库，并深入地铁工程中获取到地铁施工监测数据和施工前勘察设计数据。然而，随着历史灾害数据量的扩大及数据之间关联复杂程度的增加，如何从数据库中筛选合理有效的关键警兆指标是必须要解决的问题。曹建福和韩崇昭[140]研究的非线性系统中的模型简化与数据压缩理论能降低风险组合的维数，减少计算量，实现风险数据收敛。由此可知，只需从大数据中筛选出对非线性系统贡献非常小的风险因素，则可解决风险组合降维难题。国内外众多学者对关联规则进行了广泛和深入研究，关联规则作为一个简单并且实用的数据挖掘技术，具有较高的经济和理论价值。前人的研究和实践成果为关联规则应用于地铁基坑工程施工领域奠定了坚实的基础。本研究利用多维关联规则和 Aprior 算法筛选出对非线性系统贡献非常小的风险因素，然后检索出引发灾害事故的风险组合数据库中的频繁项集。基于频繁项集，将多维度、非线性的因素组合降低到低维度，确定出关键因素，通过控制映射后得到的关键风险指标来控制风险组合内其他因素的风险性，减少监控项目，降低监控难度，提高监控效率。

警兆输入子系统主要应用多维关联规则解决以下两个问题。

1. 风险组合与风险因素之间的非线性关系

多维关联规则和 Aprior 算法具有对海量数据进行挖掘和分析简便可行的优势，本书将案例分析与关联规则联用，对风险因素与风险组合进行非线性映射处理，筛选出对非线性系统贡献非常小的风险因素，然后检索出引发灾害事故的风险组合数据库中的频繁项集。基于频繁项集，利用 Apriori 算法将多维度、非线性的因素组合降低到低维度，确定出对多风险组合都起作用的风险因素，将其定义为关键因素。

2. 地铁工程施工事故类型及风险源识别与分析

确定地铁施工灾害事故类型和识别风险源是利用关联规则分析地铁施工风险源与事故类型的基础。在确定施工事故类型和进行施工风险源识别后，利用关联规则方法分析施工事故的类型和风险源的关联关系，挖掘风险源与事故类型之间的频繁项集，并产生强关联。依据产生的强关联规则确定预警系统的监测项目，最终实现地铁预警管理的预防和控制两大基本功能。

采集数据的准确性是辅助管理或者进行决策的必要条件，是有效减少地铁灾害发生的基本保证。充分运用关联规则分析和探讨引发事故的各类风险源，计算出地铁施工灾害发生因素的频繁项集，在此基础上，构建完整有效的警兆监测指标体系，并对其划分警限，建立指标物元模型和警情现状物元模型。这就为完善地铁施工灾害预警系统，提高预警系统的科学有效性提供了保证。

3.2　警情判断子系统

3.2.1　理论依据

可拓学作为一门新兴的学科，早在 1998 年便开始应用到风险管理中。它是由我国学者蔡文于 1983 年创立的，经过二十多年的发展，可拓学已成为一门具有较成熟理论框架的新学科，并被广泛应用于信息处理、决策、预测、识别、评价、管理和控制等多个领域[141]。其主要的成果如图 3-1 所示。

蔡文建立了一元组可拓集合，奠定了物元分析学科的基础[142]，而最早将可拓理论用于控制领域的是华东理工大学的王行愚教授，他和李健在《论可拓控制》一文中首次提出了可拓控制的概念、理论和框架，并提出在可拓学中，可拓集合理论用于研究事物之间的转化关系，它描述了矛盾双方在一定条件下相互转

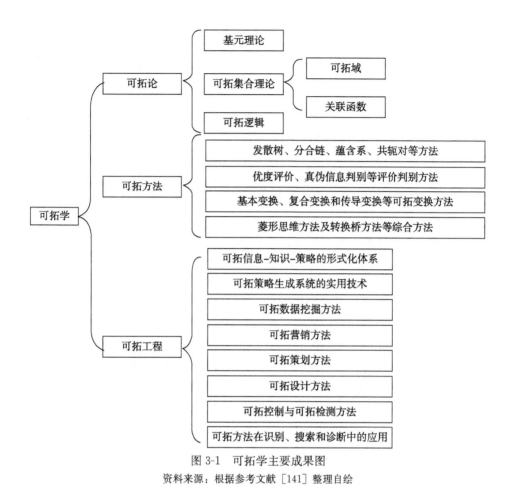

图 3-1　可拓学主要成果图

资料来源：根据参考文献 [141] 整理自绘

换的规律，反映了人们在实践中处理问题的辨识思想[143]。之后，潘东和金以慧提出了二层可拓控制器[144]。经蔡文等研究发现，可拓理论采用基元形式化描述事、物和关系[145]，其中李晓峰和徐玖平认为物元是描述事物的基本元素[146]。为了克服一般可拓控制所固有的滞后性缺点，王明东等提出了一种基于灰色预测的可拓控制方法，可以获得较 PID（proportion integration differentiation，比例积分微分）控制和单纯的可拓控制更好的控制效果[147]。

可拓控制理论在应用研究方面也取得了极大的突破。利用可拓控制理论，建立各式各样的模型，以达到解决实际问题的需要。电气行业方面，王长陶针对材料试验机采用的电液伺服控制系统，存在能耗大、温升、成本高和维护困难等问题，将可拓控制策略应用到材料试验机电液比例控制系统[148]。为了找出一种新的变压器故障诊断方法，用以克服模糊专家系统、自适应自学习模糊诊断系统和人工神经网络系统等诊断方法的缺陷，邓宏贵运用可拓理论设计了变压器故障诊断系统，为建立一个变压器故障远程监测平台提供了理论基础[149]。企业管理方面，冯晋和王虎为了对上市公司的风险进行预警，利用可拓学基本理论，实现定性与定量的结合，通过上市公司财务数据的检验，建立了有效的上市公司风险预警模型，能够比较准确地判断上市公司的风险程度[150]；冯科建立了基于可拓控制的预案事件问题模型[151]；崔巍和杨化邦针对企业知识成熟度的判定一般都采用定性的方法，对知识成熟度的判别不够准确的问题，利用可拓集合的研究成果通过知识管理的成熟度进行识别，并结合实例进行了实证分析[152]。王秋莲针对目前企业开展绿色设计缺乏决策支持信息的问题，基于可拓理论，提出一种产品绿色设计知识重用方法[153]；邓爱民和杨葱葱为客观、全面评价第三方冷链物流企业，根据冷链物流的特点，采用文献回顾和调查统计的方法构建了第三方冷链物流企业评价指标体系，并运用可拓理论建立了第三方冷链物流企业综合评价模型[154]。制造业方面，徐圆针对工业生产中的过程建模变量选择、报警监控系统管理及操作调节方案设计等问题，提出了过程建模变量可拓选择方法、过程报警监控系统可拓管理方法及过程操作调节可拓方案设计方法[155]；李聪波等提出了一种基于物元模型和可拓理论的绿色制造实施方案设计方法，利用可拓变换和可拓逻辑推理将检索获得的实例修改为满足企业需求的实施方案[156]。矿山行业方面，杨玉中和冯长根运用可拓理论建立综合预警模型，在矿安全预警分析中得到应用[157]。地铁施工方面，潘科等通过分析多级可拓评价方法在地铁运营安全评价中的应用，建立以可拓法为核心的地铁运营安全的多级可拓评价模型，提供一种新的地铁运营安全综合评价评价方法[158]。于谨凯和杨志坤建立可拓物元模型，用以评价海洋油气业的安全度[159]。教学科研领域方面，金洪波和侯强利用可拓集合理论，构建了可拓评价模型和关联函数，以此来反映研发项目中止决策的特点[160]；叶玮琼将可拓学理论应用于仿人的智能控制与策略研究，构造模拟人的多层智能体系模型，为智能控制提供了一种重要的工具[161]；曹献飞在建立绩效评价指标的基础上，运用可拓理论建立高校科研团队绩效评价模型[162]；徐春玲和王海庆结合教学设备特点，构建教学设备状态诊断指标体系，应用可拓理论建立教学设备状态诊断模型[163]。航空航天领域方面，张长亮等建立助推火箭自调整的可拓学模型，通过可拓变换确定了检测量与控制量，设计了可拓控制器，其具有响应速度快、稳定和适应能力强等优点[164]。视觉检测领域，丁凤华在对自动视觉检测系统进行综合分析的基础上，将可拓学理论与视觉检测领域知识相结合，对视觉检测模型进行基元描述，建立可拓知识物元表达模型[165]。金融业方面，顾海峰将信息熵理论与物元可拓理论融合成熵权物元可拓方法，对银行信用风险在信用突变的情况下测度问题提供了更好的解决方案[166]。同时，我国台湾地区的学者也对可拓控制进行了研究，台湾淡江大学的张维庭等设计的可拓控制器，解决了移动式起重机在作业发生危险时，对相关操作的适度调整问题；陈珍源和翁庆昌连续发表了《非线性系统的自适应可拓控制器设计》和《基于滑模控制的可拓控制器设计》，对可拓控制的实际设计给出了两种不同的方法。陈伟珂等为解决地铁预警体系中诊断的精确度问题，确定警情是否可控及可控程度，基于可拓理论建立物元模型，利用可拓集合理论中的关联函数来定量化研究可控度[167,168]。另外，Chen 和 Weng 对美国和日本等国家的可拓理论的研究也十分关注[169]。

可拓控制作为其在控制领域的应用，目前已取得了很大的发展，在控制与检测、人工智能与计算机、经济与管理等领域得到初步的应用，表明可拓学方法在工程技术领域将有广阔的应用前景。其作为一个独立的概念被应用到交通和预警等体系，近年来越来越多的人尝试将可拓控制理论应用在预警预案的研究中，这些尝试都证明可拓控制在预警管理领域有很大的应用潜力。利用可拓理论作为地铁施工警情判断模型有两方面的好处：一方面能够利用可拓阈来划分警情的级别；另一方面可以借助于控制原理对警情是否被控制加以判断，即对可控度进行定量化的研究。可控度作为现代控制理论中的研究范围，目前并没有提出可控性的量化方法，可控性只是一个简单的二进制概念——系统可控或不可控[170]。为了更好地理解警情可控程度，可用可控度作为衡量警情被控制效果好坏的定量指标，即警情的可控度越大，警情就越容易被控制，所需要控制量就越小，风险被缩小的可能性就越大，而这方面的研究很少有人涉及，所以进一步开发可拓控制在地铁施工灾害警情诊断方面的应用具有重要意义。

基于此，可根据可拓控制器的设计原理，借鉴可拓集合理论在控制理论中的应用过程，对可拓阈展开研究，定义并计算可控度，从而实现可控度的定量化，进一步优化地铁施工事故的警情诊断模型。

3.2.2　具体运用

警情诊断子系统主要是进行输入数据的有效处理，实现采集信息后数据处理的准确性、客观性，寻找科学的理论和方法确定警情的警度和风险发生的可控程度，确定合理的诊断方法。

本研究在分析了可拓理论研究成果，充分理解了可拓控制器的应用原理的基础上，展开对可拓的深入研究，提出可控度这一概念，并进行对可控度量化分析，从而提出更为科学、合理和有效的地铁施工灾害警情诊断模型。通过引入可拓物元理论，建立警情与警兆的可拓物元模型，再引入可拓集合理论，计算警情的警度和可控程度。

由系统的非优理论可知，要想实现系统的优化，需要解决如何避免非优事件的产生和非优事件产生后如何应对等问题。同时，为了优化地铁施工灾害预警系统，将可控度的概念引入诊断子系统中，通过警兆识别，确定警情，并对警情可控程度进行定量化，进一步得出警源的可控情况。通过增加可控度这一约束，结合预警其他诊断输出结果，从而启动相应级别和强度的风险应对措施（即预案），加大预警诊断子系统的数据处理精度，明确应急措施（即预案）等级和实施的优先顺序，以及预案资源的种类和强度，进而解决多警兆同时出现时资源不足的情况提供决策依据，不断完善、优化预警系统。充分实现地铁施工灾害预警系统的"防"与"控"功能，最大限度地减少和减低施工事故或突发事件的发生，降低生命财产损失。

风险的客观存在性决定了只能通过降低风险发生的概率和转移风险因素来扼制警情的扩大，防止灾害性事故的出现。预案的启动级别和组织的实施强度是由风险的大小和警情的可控程度决定的。当警情不可控时，不启动任何预案，避免人财力的损失。当警情可控时，计算可控度，并据此启动相应等级的预案。在警情诊断子系统中引入控制论中的可控度概念，在充分识别警兆的前提下，将警情进行量化分析，结合诊断结果启动相应级别的应对措施，实现预警系统的快速响应，避免由于风险后果的延迟带来的巨大损失。

在警情诊断子系统运用可拓理论可解决以下关键问题。

1. 警情的判定问题

由于警情与警兆并不是一一对应的，即便识别出了警源-警兆-警情之间的关系，多种警兆存在的情况下也很难判断发生灾害的强度，这不仅需要在建立指标的过程中，必须确定警情与监测指标的对应关系，还需要建立一套多维关联函数来确定多指标情形下的警情判定。

2. 可控度的选取与度量问题

将可控度成功应用于管理学中，为管理决策问题提供了新的科学方法，准确地界定可控度的概念，是探讨和选取可控度定量方法的必要前提。就目前而言，学者主要是运用定性方法对可控程度进行研究，鲜有使用定量方法。寻找一种可靠的量化方法，并且经过相关理论论证，从而得到计算可控度的定量方法。只有实现了警情可控度定量化，才能持续跟踪改善预案资源配置，减少风险处理的延迟性所带来的损失。

通过解决这些问题，实现对警情的诊断，计算出警情的警度和可控度，为下一个子系统触发相应的预案打下基础。

3.3　预案输出子系统

3.3.1　理论依据

在 20 世纪 50 年代，美军最早提出了 FMEA 方法，其具有容易理解和掌握的特点，且实用性强。20 世纪 80 年代初，在我国，FMEA 方法逐渐在很多领域被广泛引用，如汽车、建筑、电子电器和航空等行业，也被广泛应用到工程领域。

现代制造业方面，Stamatis 深入研究了 FMEA 方法在服务、工艺、设计及系统中的原理和过程，并得到广泛应用[171]。例如，在对数据处理时，杨飞等引入 FMEA 方法实现产品数据管理（product data management，PDM）与 FMEA 方法的集成[172]。在车辆制造中，段潇应用 FMEA 技术方法对活塞环的设计分析，解决了早期耗油过快的问题，并给出了 FMEA 方法在应用时的几点建议[173]；为了改善汽车公司的新产品开发工艺，Segismundo 和 Miguel 提出一种利用 FMEA 方法的技术风险管理系统[174]。电子商务方面，李钊等应用 FMEA 方法得到不同阶段的质量特征，设计了质量管理的多维度模型[175]。企业管理方面，刘文卿和郝燕梅将 FMEA 方法应用到六西格玛管理中，识别出影响最重要的缺陷类型给予控制[176]；在造船业，竹建福和许乐平基于风险评估的视角，研究了 FMEA 方法在船舶系统中的运用[177]。航天领域方面，樊喜刚阐述了 FMEA 方法在产品制造质量控制中的作用，介绍了对产品设计和工艺过程进行预测和评估的 FMEA 技术，证明 FMEA 方法可以应用于航天武器的关键件制造和关键工序控制的过程中，逐步从事后补救向事前预防转变，提高产品的质量和可靠性[178]。产品的质量检测领域方面，王沙婷和梁工谦应用 FMEA 方法分析了 QFD（quality function deployment，即质量功能展开）和故障模式及 FMEA 方法的互补性，构建 QFD 和 FMEA 方法的集成模型，使再制造产品的质量水平达到顾客的期望[179]。电气行业方面，陆春荣将 FMEA 运用到空压机使用过程中，深入分析了故障的类型、概率、原因和严重度等，并制定了相应的预案措施[180]；李玉龙为了控制成本，研究了 FMEA 方法在电脑机箱制造中的应用问题[181]；Zhai 等运用 FMEA 方法对关键组件两大特性，即输出响应和使用应力进行分析，来达到预期的设计要求[182]；Deng 等采用 FMEA 方法对激光制作工艺的进行改进，以提高产品质量[183]。

从上述研究中可以看出，虽然 FMEA 方法在很多时候是被用于质量管理中，但实质性的成果都是通过 FMEA 方法来评价分析，找到改善质量的措施，这与利用风险评价寻求防范措施的路径非常一致，换言之，FMEA 工作模板可以作为寻求风险应对措施的工具。

FMEA 方法具有容易理解、便于操作、不涉及深奥的数学原理等优点，不仅广泛应用于制造业，而且在建筑、服务、项目管理等非织造业的安全管理、风险评估、流程管理等管理领域，也逐渐成为很多学者研究的焦点。例如，朱宗乾等基于 FMEA 方法对 ERP（enterprise resource planning，企业资源计划）进行定量化分析，为分析 ERP 项目风险提供了科学的定量化方法[184]。企业现场安全管理方面，武晓军通过 FMEA 方法分析企业生产中存在的安全隐患，实施一系列的预防措施消除企业生产中的安全隐患，将企业的不安全因素降到最低[185]。海底施工方面，余建星和李毅佳把模糊理论与效果影响与分析技术进行集成，识别了海底管道建设的风险，有效地控制了风险[186]。

除此之外，在风险管理领域，奚立峰和徐刚通过具体实例实现 FMEA 方法在过程管理中的应用[187]；李陆雯等利用 FMEA 方法分析高成本区域企业从低成本区域供应商采购零部件的潜在风险，从而降低采购风险[188]；翟佳琪等基于 FMEA 方法和汽车行业 QS 9000 标准，对审计风险进行了预防性评估[189]；关大进和杨琪通过采用 FMEA 方法对顾客差距进行研究，提出预先采取必要的措施，减少服务失效风险[190]；张夏和周伟国运用 FMEA 方法加强对城市燃气输配管网的安全管理，构建基于 FMEA 方法的系统的风险评估体系，提升了评估工作的可靠性，有助于制定风险管理决策[191]。在项目管理领域，薛跃和韩之俊运用 FMEA 技术对项目质量改进措施的成本进行了预测，说明 FMEA 方法对实施措施资源量的计算有着一定的指导作用[192]；史丽萍和王影基于 FMEA 方法的安全生产应急管理标准化建立了成本分析模型，保证了安全生产应急管理标准化的有效性[193]。安全方面，于新应用 FMEA 方法找出人因质量事故因素，从而预测可能的人误模式，测算质量事故概率，有效减少人因事故[194]；王丹华提出 FMEA 与 FTA 技术相结合的辅助过程安全性改进的方法，可以系统地分析过程中存在的漏洞与缺陷，提出辅助过程的安全措施[195]。知识产权管理方面，雷星晖和莫凡把流程管理的思想引入知识产权管理过程流程化和规范化，结合 FMEA 方法对整个知识产权管理流程进行有效的风险控制，建立了基于 FMEA 方法的知识产权流程管理模式，提高了绩效水平[196]。

此外，FMEA 方法作为一种应用前景广阔的科学实用型工具，得到了不断地完善和改进。例如，Absen 提出一种成本导向性 FMEA 优化模型，把失效程度以成本来表示[197]。Chang 和 Sun 应用 EDA（electronic design automation，即电子设计自动化）技术，提高 FMEA 方法的评估能力[198]。Kutlu 和 Ekmekcioglu 运用模糊技术，为 FMEA 方法设计了一种模糊方法[199]。阿布力孜·布力布力和张新国改进了应用绝对失效模式预后果分析（total failure mode and effects analysis，TFMEA）技术，改善了传统 FMEA 方法的不足[200]。

通过研究发现，FMEA 方法作为一种前瞻性的可靠性分析和安全性评估方法，其适用范围广，在汽车、电器等制造业领域和建筑、企业管理、项目管理等非制造业领域的质量管理和安全管理中被广泛使用，并且大多数的研究都是利用该工具对事物后果进行判断，制定持续改善的对策与措施。随着国内外研究的不断深入，传统的 FMEA 方法得到了不断的改进和完善，提出了很多 FMEA 的优化模型，在风险评估的基础上，为明确风险评估结果与应急预案或者改善措施的一一对应关系提供了科学实用模版，即及时发现和评价潜在故障模式和失效后果，准确找到能够避免减少这些潜在失效后果的措施，并实现文件化和模版化。地铁工程项目具有建设周期长和技术复杂等特点，由于施工过程中不可预见风险因素众多，地铁施工灾害事故极易发生，因此必须对地铁施工过程加以严格控制。将 FMEA 方法应用到地铁建设工程中，针对常见的地铁故障模式的影响范围及危害程度进行评判，并以其工作表的模板的形式将故障模式、后果、警度和可控度等信息集成在一起，为根据不同的警情来制定相应的预防和应急资源配置问题提供科学的工具模板。

3.3.2　具体运用

预案输出子系统主要是解决预警结果的快速反应问题，本研究通过预案分级解决这一问题。

通过对现有应急预案的分析，可以发现对地铁施工中的应急预案和应急管理领域还处于起步阶段，在地铁施工预警研究中，选用合适的方法对警度进行判断并制定预案是十分必要的。在对 FMEA 方法的应用研究综述中，总结得出 FMEA 方法被广泛应用于各行各业中。例如，电器、汽车等制造业及需要严格控制危险发生或故障事故出现的行业，该方法的科学性早就被证实。众所周知，地铁项目的施工过程具有建设周期长和施工环境复杂等特点，其不可预见风险因素众多，施工过程中灾害性事故极易发生，且后果严重，因此地铁项目是需要严格控制灾害事故的项目，将 FMEA 方法引入地铁施工灾害预警系统的预案输出子系统中是具有可行性的。

通过诊断子系统的处理，得到了警情的警度和可控程度，不同警度的可控度可以再进行细分。本研究先确定警度，再细分可控度，结合专家的经验得到相应的应对措施。运用 FMEA 方法可以进行故障的准确识别，科学地分析故障所能影响的范围和后果的严重程度，依据警情的警度配置应对资源，保证预案的实施的快速性和准确性，预防和组织故障的发生。

警情诊断子系统引入警度和可控度两大定量化工具，为预案措施的进一步详细分级提供了前提条件，通过计算得到不同警度及可控度下预案资源配置的种类及强度。

1. 预案阶段的划分问题

本研究的范围是地铁施工过程中的灾害事故发生前的预警阶段和灾害事故发生后的应急阶段，预案的性质是加强性的应对措施，现有的预案中还包括施工前的预防措施，为了便于本课题的研究需要将现有的预案的划分成不同的阶段。

2. 预案与警度及可控度的匹配问题

以地铁深基坑工程为例，充分运用 FMEA 方法对施工过程经常出现的故障进行准确识别，分析故障模式的影响范围及危害性。从施工技术角度对预案产生的作用进行分析，使警情的警度和可控程度与相应的预案对接，在警情发生时启动相应级别的预案，配置合理的资源的种类和强度，实现预案的有效实施和快速反应。

3. 预案资源需求的量化问题

为了保证警情发生时，有效且快速地启动相应预案，就必须先计算出预案的资源种类和强度，以预案的施工技术方法为依据，列出应急资源配置的清单，量化资源需求，提高预案实施的可操作性。

3.4　本章小结

本书从数据输入、诊断和结果输出三个子系统对本系统设计进行总体阐述，从每个子系统拟解决的问题入手，通过解决现实问题来实现系统的功能。首先，将非线性映射理论与关联规则算法引入本研究，实现了关键因素的确定和监测指标的选取；其次，利用可拓理论进行了警度与可控度的定量化分析；最后，基于FMEA方法实现了多级预案的设计。通过对警兆输入、警情诊断和预案输出三个子系统问题与功能的设定，为后文预警三个子系统的详细设计奠定了基础。系统子系统设计思路及地铁施工灾害预警模型如图 3-2 和图 3-3 所示。

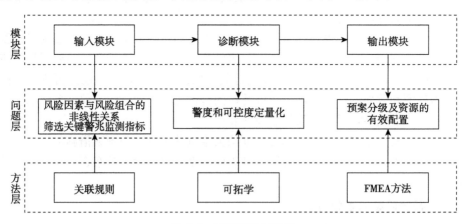

图 3-2　系统设计思路图

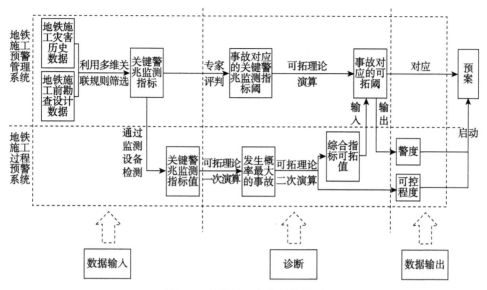

图 3-3　地铁施工灾害预警模型

第4章 警兆输入子系统——地铁施工灾害风险因素分析

4.1 地铁施工事故发生机理分析

4.1.1 事故风险产生机理分析

事故是指在人类的生产活动过程中发生的违反人们意愿并迫使活动进程停止或者受到干扰的意外事件。事故的发生往往使活动进程受到干扰或暂停，也可能同时伴随着人身伤害和经济损失。1999 年国际组织提出的职业安全卫生管理体系规范（职业安全卫生评价系列 OHSAS 18001）将事故的定义确定为：造成死亡、职业病、伤害财产损失或其他损失的意外事件。也可以把事故看做一个动态的过程，由于系统内某些不确定因素的扰动，造成一系列中间事件的发生，从而导致人们不希望看到的有害结果的过程。

事故形成需具备以下几个条件：孕险环境、致险因子和承载体，它们分别是可能会发生事故的地区和环境、导致破坏的能力、被破坏的对象。由于致险因子（人的不适当行为或物的不安全状态）的诱导，能量和物质发生不合理的释放。如果事故一旦发生，一定是损失达到了一定的量度使承载体无法承受。事故发生的直接和表层原因是各种致险因子，而深层原因是孕险环境。

1. 孕险环境

孕险环境是指可能会发生事故的地区和环境。不良的地质状况、地下水位状况、地上构筑物、地下复杂的管线和施工段路面情况等均构成了地铁施工过程中的孕险环境，同时组织管理的缺失也会加速风险事件的形成与传递。可以想象，如果地下水位足够低，则地下连续墙发生渗漏的概率将会很低，如果施工段地上没那么多复杂的构筑物，那么也就不用考虑那么多的施工难度和环境影响问题，如果组织管理非常完善也不会在施工过程存在那么多的违规操作，甚至无证上岗。因此，孕险环境可以说是引起事故发生的客观基础，是决定事故是否会产生的根本性因素，也可将孕险环境称为事故的内因。在地铁施工过程的前期，如果进行合理的规划选线将孕险环境避开，那么地铁施工事故发生的概率自然也就会降低许多，具体如表 4-1 所示。

表 4-1　孕险环境分析

孕险环境	项目分类	项目分析
工程地质水文环境	地质情况	地质结构或地质构造情况、土和岩石等介质材料的物理力学性质与参数、岩土介质在切削搅拌后的流动性、黏性和结构稳定性及各种不良地质情况等
	水文情况	岩土的渗透性、含水量、流向与流速；水位、水压和水的冲刷力；水的腐蚀性；水的补给来源，地下水囊、空洞
工程地下建筑以及周边建筑	周边建筑	地面构筑物的使用年限、结构类型（框架结构、砖混结构和砖结构）、基础类型（如条形基础、桩基等）和文物价值
	地下管线	地下管线的设计方案、探测地下管线的是否渗漏
	地下工程	穿越地下工程时应多方面调研地下工程的设计方案、工程用途等
组织管理	管理情况	组织管理架构、组织规章制度、安全培训、技术等级培训等

2. 致险因子

在地铁施工过程中，事故产生的因素有很多，而直接原因可归结为致险因子。若将事故比做一次火药爆炸，那么引起爆炸的原因是致险因子，事故发生的火药桶则是孕险环境。作为致险因子的事故很多，如用冻结法对旁道施工时导致旁道出现冻胀、融沉等危险情况，或对洞口加固不足，以及在挖掘施工过程中遇到了障碍物等都可当做事故的致险因子。如果将致险因子划分出四个维度，则可以界定为人、机、环境、管理。只有当这四个维度中的两个或两个以上因素共同发生作用，事故才会被引发。人、机、环境等因素的致险机理较为清晰且单一，而管理因素则影响施工的各个方面，各种原因造成的管理缺陷都是酝酿灾害的温床，相关人员的惰性与贪婪会在监管力度不够的情况下被放大，为风险在风险链上的传递提供载体，最后造成不幸的发生。

3. 承险体

承险体的定义有很多种，而最为权威的定义可以被认定为承受事故可能造成损失的物体，承险体很常见，如建筑物、掘进机器、管线、隧道结构、盾构机器、生态环境、施工人员、凿岩台和车路面系统等。若以城市的地质较软的区域进行的地铁盾构施工工作为研究对象，其承险体就包括预埋管线、隧道、地面承载物、已完工隧道和社会环境。

地铁施工中安全事故的发生机理可以描述为：由于存在孕险环境，各种地铁施工事故的发生是由致险因子的组合经过一系列的风险链条的传递，在孕险环境的作用下，某个节点处，人的不安全行为和物的不安全状态同时发生，在某种程度上提高了灾害发生的概率[200,201]。致险因子是指在地铁施工过程中存在的一切风险因素，孕险环境是指自然因素和管理因素的自然存在，管理上的问题在很大程度上充当了灾害发生的引发剂。其事故发生机理分析如图 4-1 所示。

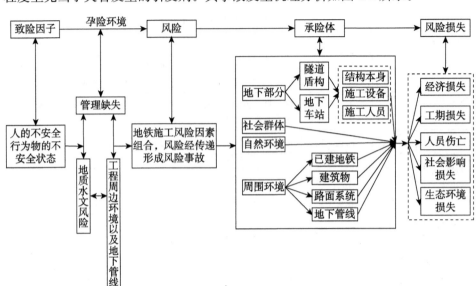

图 4-1　地铁施工事故发生机理

4.1.2　地铁施工中风险传递分析

在风险因素传递的过程中，风险因素在孕险环境的孕育作用下，会产生很多种组合方式，风险组合会造成一系列中间事件的发生，但具体是哪种组合产生了中间事件，而最终导致灾害的发生，这一分析过程极为复杂。前一个事件的结果可能会是后一个事件的原因，风险被传递，当传递到风险足够大的时候，将会发生风险突变，形成不可避免的事故。风险事件的因果关系如图 4-2 所示。

在风险传递的过程中，随着风险事件的指向性越来越明显，传递速度越来越快，当警兆，如隐患、偏差、故障和失效逐步发展为渗漏、倾斜和沉降等时，表示风险的传递与积累已经到了从量变到质变的过程，此时若风险得不到有效的控制而是继续发展，在某一时刻将由质变到爆发，灾害事故将不可避免。

灾害事故的衍生过程说明施工安全事故的原因是多层次的，其因果性十分复杂，且在风险传递链上每一个节点都会有新的风险因素参与进来，与上一阶段的风险事件进行组合，继续风险事件的传递，因此有的风险因素与安全事故之间有直接联系，有的则有间接联系。同时，并不是仅仅因为一个原因就可能造成安全事故，而是多个不利因素在特定的时间和空间上相互作用促成安全事故的发生，同时也表明安全事故从其酝酿到发生是一个发展演化的复杂过程。控制风险的发生应从风险因素的组合与风险的传递过程入手，控制关键因素，将这些因素控制

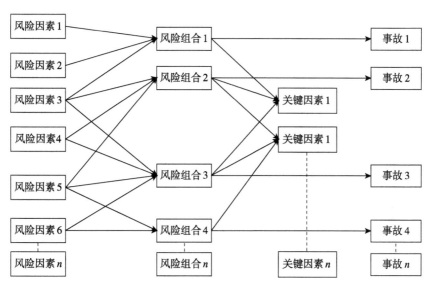

图 4-2　地铁施工灾害风险的因果关系

在可接受的安全区内。

4.1.3　地铁施工灾害发生的连锁反应

在实际的地铁施工过程中，风险因素造成的灾害会产生一系列的连锁反应，由于地铁施工环境复杂，多个不安定的因素集中在施工现场狭小的区域内，任何灾害的发生都会产生次生灾害，引发连锁事故的发生。例如，地连墙的设计深度不够，同时在基坑周边堆放大量的建筑材料，而当地的地下水位较高，当这些风险因素同时存在的情况下，如果管理得当，采取相应的措施则发生事故的概率较低，但是如果地铁基坑开挖过程中因为赶进度或管理经验不足，违规操作先挖后撑，造成支撑强度不够，导致支撑失稳，这些风险因素组成的风险组合在"先挖后撑，过度开挖"这种违规操作的引发下导致坍塌的概率会增加，与此同时基坑坍塌导致一系列的连锁反应，如路面塌陷、机械坠落、邻近建筑物倾斜倒塌等次生灾害，其伤害程度远远高于最初的事故引起的损失。基坑过度开挖引发事故的连锁反应如图 4-3 所示。

在这种情况下，"先挖后撑，过度开挖"这一风险因素就是包含该因素的众多风险组合经非线性映射处理后筛选出的因素，是造成坍塌事故的关键因素。将引发坍塌事故的原因由一个高维度多方面的风险因素组合，降低到控制一个因素就可以降低事故发生的概率，即进行非线性映射处理。因此，确定此类因素，对此类因素进行控制，就会降低风险控制的难度。

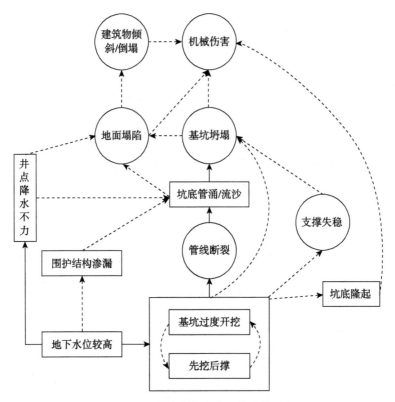

图 4-3　地铁施工灾害发生的连锁反应

4.2　地铁施工中非线性风险因素分析

　　任何安全事故的发生都是由一定的原因造成的，而这些原因就是在施工过程中存在的风险因素。风险因素有来自人的不安全行为和失误、管理缺陷，也有机械和环境的不安全状态。这些风险因素在一定的时间和空间内相互作用与结合，就会导致施工过程中出现隐患、偏差、故障和失效，以致发生安全事故。事故的发生是风险因素经过一系列的交叉组合演变酝酿的体现，每个因素具体的发展轨迹及演变过程十分复杂，具体是哪些因素组合造成了事故的发生，有待进一步研究。本节风险因素的选择与划分主要是基于海因里希的事故致因理论和轨迹交叉理论，将风险因素分为"人-机-环境-管理"四个维度，并归纳总结了每个维度下的致险因子。

4.2.1　人因风险因素分析

1931 年海因里希的事故致因理论，首次指出 88％的事故是不安全行为引起的，而据国家安全生产监督管理总局统计数据显示，每年施工安全事故中 80％以上都是人的不安全行为造成。由于施工人员是地铁施工的主体，施工人员的行为对安全事故的发生具有很大的影响。

对人因风险因素引起风险事件的分析首先应对人本身的安全掌控能力进行分析。施工人员为了将正在完成的施工工作中将要遇到的险情降到最低，甚至是使该险情控制在该项施工项目所能接受的最低限度，他们往往会将自己平时掌握的经验知识、技术技能、行为动机和工作态度等潜在的品质综合起来并运用到工作中。从灾害产生过程来看，对于发生的任何灾害，施工人员都需要完成三个阶段的心理活动过程：感知—判断—反应，这与事故能量释放理论的阶段相似。施工人员这三个阶段的心理活动过程相对应的是：风险的产生—风险的传递—事故产生三个阶段，感知风险的存在，进行风险等级判定，对风险事件进行响应，若采取的措施不能抵消风险产生的影响则事故就会发生。

在风险因素耦合引发事故的过程中，由于人为因素影响较大，则按照施工人员应对灾害的三个心理阶段去动态地分析灾害的产生和每个阶段风险因素组合的过程及风险在这三个阶段传递的过程。

1. 感知阶段

在施工过程中，感知是施工人员在行动决策前接收和释义环境信息的过程，包括感觉和知觉。施工人员时时刻刻在接收着周围环境对其提供的各种信息，对各种信息反应敏感程度不同的施工人员反应也会不同，其原因在于施工人员的生理缺陷、被感知信息强度不够、施工经验不足及工作态度等，容易造成施工人员在感知阶段出现失误。

人的不安全行为在感知阶段包括勘察设计人员对于工程的安全防护设计强度不够，施工人员在施工过程中心存侥幸违规操作，监理人员失职等，当机械材料、环境同时存在风险时，再加上管理的缺陷造成人的不安全行为与物的不安全状态产生轨迹交叉，此时则会大大提高不安全事件发生的几率。

2. 判断阶段

作业人员在施工时触碰到周围的环境后，就会将平时所学到的经验知识、技术技能、行为动机和工作态度等优良品质综合起来并运用到工作中，并对所接触到的环境信息进行推敲、分析、判断、归纳总结和纠偏改正等，最后判断是否存在险情。在这个阶段对风险进行控制是非常重要的，因为此时风险已经存在，施工人员要根据风险的特性进行决策，目的是要切断风险传递的路径。

人的不安全行为在判断阶段表现为施工管理决策人员由于某种原因做出错误的判断或做出不彻底的判断，如对一些明显的现象（地表开裂等）只是进行了一些弥补措施，而不是进行彻底的治理，将会造成风险事件的进一步扩大。判断阶段对事故的发生预防具有重要的意义，在此阶段，风险事件正在扩大与传递，如果在此阶段决策者做出错误的判断，就会加速灾害事故的发生，同时对事故发生后的应急会造成很大影响。

3. 反应阶段

反应阶段是指事故已经发生的应急救灾与灾后恢复阶段。此阶段对降低灾害事件的损失也十分重要，此时采取有效的救援与应急措施能够降低次生灾害的发生，对总体损失的降低有很重要的作用，地铁施工灾害事故引发次生灾害的概率极高，如基坑坍塌事故时常会引发周围建筑的倒塌、高空坠落等事故。

由于人为因素在灾害产生过程中的重要作用，将灾害的产生分为动态的三个阶段，分析人在这三个阶段的不安全行为，接下来确定机械、环境的不安全状态和管理因素的缺陷，动态地分析风险因素在三个阶段的耦合过程，从而确定灾害事故发生的致因机理。地铁施工过程中与施工安全直接相关的参与人主要包括设计人员、施工人员、安全管理人员和监理人员，这些工程参与人的不安全行为导致的风险因素在事故发生的过程中的表现分析如表 4-2 所示。

表 4-2　人因风险因素

人为风险	原因	具体表现举例
勘察、设计人员设计问题	1. 勘察、设计人员设计能力问题 2. 勘察设计人员对现场具体情况了解不到位	1. 地连墙的设计深度不够，支撑的设计强度不够，存在"边设计、边建设、边修改"的三边现象 2. 施工现场存在空洞、水囊而没有进行处理设计，如按设计施工则极有可能造成塌陷 3. 地下管线有渗漏问题，在施工过程中没有采取及时治理
作业人员违规操作	1. 安全意识缺失 2. 安全制度执行不力 3. 缺乏安全教育 4. 施工人员技术掌握不牢	1. 基坑过度开挖，支撑尚未跟进，先挖后撑，造成支撑失稳 2. 在未掌握操作技术的情况下或不按操作规程操作对钢筋加工机械设备，如钢筋调直机、切断机和对焊机等进行操作造成的机械伤害、人身伤害 3. 施工人员疲劳操作、酒后操作和无证操作等造成操作失误，引发连锁反应 4. 承包商以低价获得工程任务后常层层转包，最后的实际施工单位面对的是原本就低价接到又经数次分割的工程，为了获取利润只有修改设计，偷工减料，其质量低劣在所难免

人为风险	原因	具体表现举例
施工人员安全防护措施缺陷	1. 施工人员的防护设施配置不符合有关标准的规定 2. 为了削减成本，工人只能配备简单的个人防护用品，如安全帽、安全带等	1. 施工作业人员没有按照规定穿戴防护用品（安全帽、护目镜、电焊手套等），造成人身伤害 2. 施工作业人员个人的安全防护设备佩戴不全或者使用不当 3. 在电线附近加工钢筋而防护措施不全造成触电
监测、监理人员失职	监测人员由于经验和知识能力问题，对监测项目出现的数值变化和出现的危险现象没有引起足够注意	1. 当数值位移和地面沉降产生大的数据波动的时候，没有及时通知业主和施工方 2. 监测数值通知施工方后，施工方为了赶进度而未采取措施，继续施工，这将极有可能造成风险事故

控制人的不安全行为在这三个阶段主要表现在感知阶段，这一阶段的人因风险因素处于可控阶段，对于灾害事故的风险控制也集中在感知阶段，这是风险产生的源头，同时也是风险传递的最开始阶段，在此时对风险事件进行治理，可将风险控制在可控阶段。

4.2.2　机械风险因素分析

机械风险因素主要包括机械设备因素和材料因素两方面。如果施工中物质装备不足或者不按正常操作规则操作施工机具，都会引起地铁施工中的机械器具风险。例如，生产装备不足和防护装备不齐全等都可界定为物质装备缺陷。

通常可以将以下情况认定为生产装备缺陷：施工器具数量少或装备不够新且已过时，使装备运用不灵活，使用起来不灵泛；没有及时维护设备使设备性能差、安全度低；防护措施配备质量差，在防灾抗灾时能力不足；没有健全的维护制度，致使故障频频出现。

不合格的材料的使用不仅会对人体和设备造成危害，而且也有可能引发其他灾害事故。例如，不合格材料在施工过程中往往会发出有毒物质，施工人员吸入有毒物质有可能会引起短暂的晕厥或意识模糊，造成其从高空坠落，酿成严重伤亡事故。

在地铁施工建设过程中，常见施工机械设备包括盾构机、挖土机、起重机、吊机、打桩机、连续墙成槽机、灌注桩及搅拌桩机械等，常用的材料有混凝土、水泥、钢材、防水材料和盾构管片等，这些施工机械设备都有可能成为事故发生的风险因素，将其称为机械风险因素，具体见表4-3。

表 4-3　机械风险因素

机械风险因素	原因	具体表现举例
机械性能、质量不达标	施工单位为了降低成本,不淘汰一些老旧的设备	地铁施工过程中,相关施工设备、机具类质量上不达标,如防护、保险、信号装置的缺乏或缺陷;设备、设施、工具、附件有缺陷;挖土设备、支撑等器具质量不合格等
机械维护不善	业主单位监管不善,施工单位为了降低成本	1. 龙门吊、吊车等起吊设备使用的钢丝绳、卡环等损坏仍然作业 2. 施工用电设备的外壳损坏,而未及时进行修缮,极容易造成触电危险
机械设备使用不当	施工人员经验不足,为了加快进度,选用一些不当的施工器具进行施工	盾构机选型不当从而造成大刀盘、刀头磨损,泥浆泵及管路磨损、堵塞,主轴承磨损、密封件防水失效 2. 盾构过程中吊起的管片可能掉落或与其他管片碰撞,造成管片损伤,导致渗水、漏浆,引起地表沉降,并且管片掉落还可能造成人员伤亡
材料质量不合格	施工单位为了降低成本偷工减料,业主单位监管不到位	建筑用材料、制品质量低下,结构材料的物理力学性能不良、化学成分不合理,混凝土强度不足,钢筋的强度低、塑性差,水泥的强度不够,砂石质量低劣,这些问题都会在一定的条件下成为事故发生的直接原因

4.2.3　环境风险因素分析

　　环境因素包括自然环境因素和工作环境因素。自然环境是指施工过程中存在的复杂水文地质条件,并且地铁建设一般在地下进行,周围环境异常复杂。工作环境是指施工现场空间的布局和利用及存在空间不足、施工场地窄小、环境杂乱、机械设备不够、照明不充分、通风换气不通畅、有毒气体散发和气味难闻等问题。在环境条件恶劣的情况下,施工人员无法按照规范的操作章程进行作业,也没有一个积极的工作态度进行施工。

　　环境风险因素是孕险环境重要的组成部分,因为地铁施工主要是地下工程,地质水文情况复杂,是发生灾害的重要原因之一。现阶段地下施工技术已较为成熟,复杂条件下的盾构施工,以及穿越原有地下工程或江河等成功的施工案例不在少数,因此复杂的环境问题虽然是造成灾害的实质性原因,但其本身相对于设计安全、施工工艺与管理科学发生问题的概率较低。对环境自身的风险因素进行分析如表 4-4 所示。

表 4-4　环境风险因素

环境风险因素	原因	具体表现举例
地质风险	1. 地质水文原因天然存在，应在勘察设计阶段对地质风险进行分析与规避 2. 地下水渗水的原因还包括降水不力	1. 地质组成结构复杂，土体承载力差，土中含水量高 2. 地铁施工线路上含有空洞、水囊等，如果在开挖过程中没有采取措施，将会造成坍塌等危险 3. 地下水位较高，地铁施工过程中的基坑开挖需快速降水，控制不当会造成含有丰富地下水的基坑底部砂层压力骤降，水的异常压力顶裂基坑底板而造成的突涌现象 4. 地下水源来历复杂，降水效果不明显
地下管线问题	在施工过程中没有对地下管线的布局进行分析，专门设计施工方案	1. 地下施工容易使临近管线发生沉降或变形，当管线形变超过一定界限值时，可能会导致输水管道破裂、煤气管道漏气、通信电缆断开，会造成地下管线的渗漏，严重时会造成爆炸 2. 地下管线的渗漏严重时会导致地层下形成水囊，严重影响地层的承载能力
施工工作环境复杂	由于管理人员对施工现场的把握能力不足，施工组织设计安排不当，导致施工现场布局杂乱无章，作业环境恶劣	1. 施工场地布局安排不合理会直接影响现场专题讨论会、道路规划、设备和材料的堆放（冬天的下雨天气显得尤为重要）、车辆摆放、传输线路的分配，同时也会影响现场工作人员之间的交流；发生绊倒事故等 2. 基坑边坡堆积大量设备材料，地连墙设计强度不够，导致土坡承载过大，当土坡承受的力超过其土层的结构黏结力时，可能会导致塌陷或结构位移等事故的发生

4.2.4　管理风险因素分析

根据事故致因理论可知，事故发生的直接原因是人的不安全行为和物的不安全状态，但这两种因素的结合需要有一个环境来激发，这个激发因素就是管理的问题。管理存在于施工的方方面面，管理因素主要体现在管理人员的管理能力与相关规章制度执行的程度。

相对于其他工程项目，城市地铁工程会遇到更多更复杂的管理、决策和组织等问题，引发安全事故的隐患渗透在施工场地各个地方，而地铁施工项目从始至终都要涉及项目管理工作，如果没有完善的管理制度和强大的监管力度，"人-机-环境"三个方面的风险因素得不到限制，风险因素组合会无限蔓延，以致达到无法控制的地步。

组织管理上的风险因素涉及灾害发生的各个阶段，管理决策人员的管理能力与规章制度的执行情况直接决定风险事件的形成与发展。在施工过程中存在的管理风险因素如表 4-5 所示。

表 4-5　管理风险因素

管理风险因素	原因	具体表现举例
管理人员经验不足	1. 在安全防范方面投入不足，使施工过程中的安全措施不到位，安全意识不强，不能减缓风险传递的速度	1. 对常见的地铁施工灾害的判断不准，对一些事故的征兆不敏感，对一些突发情况在判断不准的情况下，通常是削弱而不是加强技术措施，导致发生很多常规施工不应有的事故 2. 在资源有限的情况下，如何对资源进行优化配置，在减少事故的情况下，完成施工任务
安全教育缺失	2. 各层管理人员的安全管理意识没有到达一个高度，因此在执行安全制度与安全检查时不能彻底地发现问题，规章制度不能彻底地被执行	1. 安全教育的缺失使施工人员缺乏安全意识 2. 安全教育缺失间接导致了施工人员、指挥人员的违规操作
安全管理执行缺失		1. 对上岗培训不重视，导致大量临时工现象，一线工人对于技术掌握不扎实，安全意识不强 2. 安全规划、规章制度、操作流程及安全技术方案存在缺陷 3. 安全机构设置和安全人员配备存在缺陷 4. 施工设备的安全验收许可证、操作人员安全持证上岗缺陷

4.2.5　风险事故的动态形成过程分析

1. "人-机"不安全状态组合风险分析

机械风险因素在地铁施工灾害事故发生的各个阶段都有可能与人的不安全行为发生联系，人的不安全行为会因机械风险因素的存在而被放大，"人—机"的不安全状态组合为风险事件的发生提供了必要的条件。"人—机"不安全状态组合主要体现在施工器具操作不当，当操作人员对机械器具的性能与使用方法不是很熟练时，对机械进行不当操作会很容易造成机械伤害。常见的机械伤害包括：操作机械设备（如焊机、挖土机切断机等）时发生机械伤害；搬运设备时发生起重伤害，运送土石时发生车辆伤害，开挖、支护时防护不充分发生岩爆、垮塌、冒顶、涌水、瓦斯中毒事故；隧道施工用电时操作不当发生触电事故；隧道爆破控制不当发生爆炸事故等。

2. "人-机-环境"不安全组合状态分析

环境因素大多是自然存在的，在进行施工设计时选择的大多是规避而不是控制，当无法规避环境问题时，采取的措施应是控制环境问题的风险传递，分析环境风险因素与其他风险因素的组合方式，通过阻止这些风险因素的组合来实现控制环境风险的目的。

在分析"人-机"的不安全组合时，施工人员通过机械设备来实现设计意图，机械工具的强大生产力将人和机械的不安全性放大，在这种情况下，若存在恶劣的环境条件，"人-机"组合的不安全行为作用在不良的地质、水文条件下，则不安全性将会无限放大，持续的不安全行为会造成"量"的积累，在某一特定的情境下形成质变，造成事故的发生。例如，施工人员在使用挖掘机进行基坑开挖时，不注意地下污水管线，且同时存在地下水位较高的环境风险因素，当挖掘机挖开污水管时水管爆裂，大量污水涌入基坑，增大了基坑周边与地下土层的饱和度，而施工注浆又不彻底，最终造成维护结构倾斜，还很有可能造成坍塌。

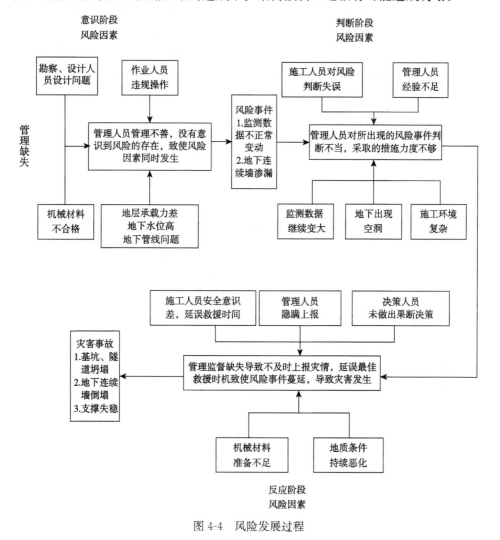

图 4-4　风险发展过程

3. "人-机-环境-管理"四个风险因素的不安全组合分析

管理因素在风险事故的发生与传递的过程中起到引发与促进的作用。安全管理主要作用于施工人员，由施工人员去实现管理意图，同时也是对施工人员的一种安全约束。"人-机-环境"三个方面的风险因素组合是在缺乏安全管理约束的情况下形成的，其风险传递也需要有"安全管理不到位"这样的条件去形成。管理因素就是将人的不安全行为与物的不安全状态发展轨迹的介质进行隔离，当这层介质出现问题，则不安全事件产生的概率就会增加。

　　根据地铁施工灾害的致因机理分析，风险因素在孕险环境的酝酿下，根据一系列风险因素组合的相互作用，实现风险的传递，风险作用于承险体，当风险强度达到承载体承载的极限，就会造成灾害事故。站在人的视角来看，任何灾害事故的发生都经历三个阶段，不同的事故三个阶段的时间长短不同，通常情况下当警兆已经显现出来时，事故发展与传递的速度将会迅速加快，此时事故发展到了量变到质变的时刻，控制风险已有一定的难度，因此在意识阶段风险控制尤为重要。通过以上对风险因素的分析，风险指标的选取也集中在意识阶段，这一阶段的风险因素可以控制在可控的程度下。如图 4-4 所示为风险因素组成的风险事件在各个阶段的风险发展过程。

4.3　地铁施工灾害风险源的识别

　　地铁施工风险源警兆指标的识别和标识主要基于"人-机-环境-管理"四个维度，通过 WBS-RBS 风险识别技术对上述四个维度的风险进行分解，直至识别出风险因素，保证风险识别的全面性和系统性，继而对每个风险源警兆指标赋予唯一的编码标识，以便对地铁施工风险源的实时动态监控时，系统能准确输入地铁施工风险的警兆指标，并对今后升级为条码扫描输入打下基础。地铁施工实时动态监控手册的编制过程如下所述。

4.3.1　风险源监控项目警兆指标的识别

　　基于 WBS-RBS 理论、《中华人民共和国安全生产法》[①] 及《中华人民共和国建筑法》[②]，以及历史的相关数据可将地铁施工人员、施工机器、环境和管理等危险源风险因素进行识别。并通过发放调查问卷（回收 66 份）进行专家调查和专家访谈，对监控项警兆指标的选择进行确定，专家认同率（专家认同概率是由专家对监控项警兆指标的重要度选择人数与调查问卷的有效份数相除所得）数据

---

　　① 《中华人民共和国安全生产法》由中华人民共和国第九届全国人民代表大会常务委员会第二十八次会议通过，自 2002 年 11 月 1 日起施行。

　　② 《中华人民共和国建筑法》由第八届全国人民代表大会常务委员会第二十八次会议通过，于 1998 年 3 月 1 日起施行，于 2011 年 4 月 22 日进行修改，自 2011 年 7 月 1 日起施行。

统计如表 4-6 所示。

表 4-6　监控项警兆指标认同率

序号	风险源种类	监控项警兆指标	选择重要的人数/名	选择一般的人数/名	选择其他的人数/名	专家认同率/%
1	人员	佩戴安全帽	66	0	0	100.00
2		进行三级安全教育	60	4	2	90.91
3		佩戴顶灯	55	6	5	83.33
4		掌握本职工作的安全知识	62	2	2	93.94
5		掌握岗位安全操作技能	60	2	4	90.91
6		携带危险源	58	3	5	87.88
7		明确施工环境情况	55	9	2	83.33
8		熟悉安全事故应急救援措施	60	4	2	90.91
9		熟悉安全通道	59	5	4	89.39
10		办理意外伤害险	49	9	8	74.24
11		采用新技术时进行安全生产培训	51	6	9	77.27
12		特种工作人员有操作资格证书	60	1	5	90.91
1	环境	地表沉降	63	2	1	95.45
2		围护结构水平位移	62	3	1	93.94
3		建筑物沉降	65	0	1	98.48
4		土体分层沉降	62	3	1	93.94
5		顶墙水平位移	61	4	1	92.42
6		底下管线	60	5	1	90.91
7		水位变化	63	2	1	95.45
8		空隙水压力	59	4	3	89.39
9		内外土压力	60	2	4	90.91
10		支撑轴力	62	3	1	93.94
1	盾构施工法环境	轨道沉降	55	4	5	83.33
2		土体加固	50	7	9	75.76
3		凿除洞门	46	11	9	69.70
4		工程桩顶部水平位移	10	6	50	15.15
5		刀盘、刀头	47	10	9	71.21
6		建筑倾斜值	43	9	14	65.15

序号	风险源种类	监控项警兆指标	选择重要的人数/名	选择一般的人数/名	选择其他的人数/名	专家认同率/%
7	盾构施工法环境	基坑围护	12	11	43	18.19
8		地下通信电缆	55	2	9	83.33
9		地下水管	57	3	6	86.36
10		地下煤气管	54	5	7	81.82
11		地下输变电管线	53	9	4	80.30
1	深基坑施工环境	支撑内力	59	3	4	89.39
2		立柱内力	53	7	6	80.30
3		基坑水位	55	2	9	83.33
4		围护墙内力	20	4	42	30.30
5		柱内钢筋应力	53	5	8	80.30
6		围护墙变形	51	8	7	77.27
7		锚杆内力	12	4	50	18.18
8		地下连续墙位移	9	9	48	16.64
9		边坡土体顶部水平位移	60	1	5	90.91
1	机器	零件缺失	61	3	2	92.42
2		零件缺失部位	59	2	5	89.39
3		日常保养	62	0	4	93.94
4		机器调整	56	7	3	84.85
5		机器紧固	51	1	14	77.27
6		报警装置灵敏	53	1	12	80.30
7		性能参数正常	60	2	4	90.91
8		运行周期正常	45	11	10	68.18
9		仪表值正常	60	3	3	90.91
10		预警阈值明确	54	4	8	81.82
11		责任人明确	46	9	11	69.70
12		进行过维修	52	8	6	78.79
13		明确安全操作规范	53	5	8	80.30
14		电压正常	42	9	15	63.64
15		管线畅通	42	13	11	63.64

续表

序号	风险源种类	监控项警兆指标	选择重要的人数/名	选择一般的人数/名	选择其他的人数/名	专家认同率/%
1		坚持安全第一，预防为主的方针	59	2	5	89.39
2		有专项安全施工组织设计	48	10	8	72.73
3		对毗邻建筑物采取防护措施	51	7	8	77.27
4		对施工现场地下管线资料采取保护措施	60	0	4	90.91
5		对粉尘、废气、废水采取保护措施	62	2	2	93.94
6		对固体废物、噪音采取保护措施	46	2	18	69.70
7		配备生产安全员	63	1	2	95.45
8		存储危险物品批准	54	2	10	81.82
9		设有明显的安全警示标志	59	2	5	89.39
10		有畅通的安全逃生通道	60	1	5	90.91
11		对重大危险源定期监控	49	7	10	74.24
12		有明显的紧急疏散标志	55	5	5	83.33
13		对重要危险源安排专业人员监控	53	5	8	80.30
14		告知所有人员施工场地危险源和防范措施	48	7	9	72.73
15	管理	对所有人员进行监控	60	3	3	90.91
16		监督、教育施工人员佩戴安全防护装备	62	2	2	93.94
17		安排安全生产培训经费	50	5	11	75.76
18		设立专业安全管理人员	56	5	5	84.85
19		对安全管理责任进行明确的分工	48	8	10	72.73
20		施工现场主要负责人明确自己的监督责任	53	1	12	80.30
21		对施工人员缴纳保险	40	10	16	60.61
22		配备应急救援器材	52	9	5	78.79
23		会议上安全是第一议程	58	4	4	87.88
24		有醒目的安全口号	44	11	11	66.67
25		安全措施易操作	51	4	11	77.27
26		分配资源时安全考虑第一	57	5	4	86.36
27		领导层接受安全培训	40	11	15	60.61
28		有安全公告栏	46	7	13	69.70
29		建立安全资料管理档案	48	13	5	72.73

序号	风险源种类	监控项警兆指标	选择重要的人数/名	选择一般的人数/名	选择其他的人数/名	专家认同率/%
30		施工人员明确不安全操作的后果	51	4	9	77.27
31		关注同事异常工作情况，提醒注意安全操作	53	4	9	80.30
32		应急救援计划纳入市应急救援响应程序	57	5	4	86.36
33		管理人员掌握预警系统操作程序	49	5	12	74.24
34		出现警情时责任人明确上报人员和单位	61	2	3	92.42
35	管理	应急资源齐全	55	6	5	83.33
36		消防灭火装置和器材配备	60	5	1	90.91
37		紧急隔离、维护和搜救通道畅通	48	7	9	72.73
38		能迅速调配抢救物资器材	53	8	5	80.30
39		后勤供给应急物品配备	41	9	16	62.12
40		抢救和包扎医疗器具配备	64	2	0	96.97
41		报警设备灵敏	56	6	4	84.85

专家认同概率是由专家对监控项警兆指标的重要度选择人数与调查问卷的有效份数相除所得，对于认同率在60%以上的监控项警兆指标为本书所确认的监控项警兆指标，认同率低于60%的指标为剔除的指标。专家在确定监控项的同时也提出了增加环境风险源临时建筑的监控、管理风险源高空作业和脚手架的监控。

4.3.2 监控项警兆指标的编码

根据监控警兆指标的甄选结果和以下编码的设计原则，形成的监控手册警兆指标编码，如附录A所示。

各级编码代表的含义具体如下。

(1)第一级表示项目代码（分三位）。本研究选用项目代码：001。

(2)第二级表示风险源种类（分一位）。风险源种类：1——人，2——机，3——环境，4——管理。

(3)第三级表示位置代码（分五位）。第一位代表监控点所处施工总位置：1——地上，2——地下；第二位代表监控点所处区域代码：1——一号区域，2——二号区域，3——三号区域，4——四号区域；第三、四、五位代表监控点编号。项目编码结构如图4-5所示。

(4)第四级表示监控指标代码（分四位）。表示监控警兆指标序号编码。

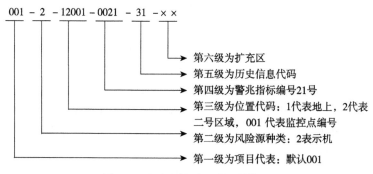

图 4-5　人员监控手册编码结构图

（5）第五级表示历史信息代码（分两位）。表示监控警兆指标的历史信息编号，其中包括风险源发生的时间、地点、事故情况、防控结果等历史数据信息。

（6）第六级表示扩充区（分两位）。设为扩充区，防止新增加信息编入编码。

4.3.3　地铁施工实时动态监控手册

在完成地铁施工灾害警兆指标的识别和编码的基础上，根据专家认同环节，从"人-机-环境-管理"四个维度编制风险因素汇总表，并形成了最基本的地铁施工实时动态监控手册，如附录 A 所示。

地铁施工实时动态监控手册主要完成了以下三部分内容。第一部分结合 WBS-RBS 风险分析技术和文献分析方法对地铁施工"人-机-环境-管理"风险源警兆指标进行理论性初选，通过实地调研、专家访谈和专家调查法的形式对理论监控项警兆指标进行初步的确定和优化；第二部分对甄选出的监控项警兆指标进行了统一编码，使每一个监控项警兆指标在指标库中有唯一的编码标识；第三部分依据监控手册的设计方案和监控项警兆指标的编码，编制出地铁施工实时动态监控手册。地铁施工实时动态监控手册为地铁施工灾害风险源的识别提供了方便快捷的手段，使现场人员在观测时做到有的放矢，为人工实施监测提供了标准化的操作手册。同时地铁施工实时动态监控手册作为预警数据库的数据基础，能够使监测项目快速形成报告，对地铁施工灾害预警系统的建立具有重要意义。

4.4　本章小结

本章通过对灾害事故的发生机理与风险因素的耦合作用情况进行分析，从宏观和微观两个层面对灾害事故的发生发展进行全面剖析。以风险组合为研究对象，动态的分析风险组合在"意识—判断—反应"三个阶段的发展情况，确定了控制风险的最佳时机与方式，即风险形成与传递的节点处。并通过对风险因素的具体分析，确定了地铁施工灾害事故中"人-机-环境-管理"四个维度的风险因素。最后运用 WBS-RBS 风险识别技术对四个维度的风险进行分解，并对地铁施工灾害事故的风险源进行了有效识别，具体体现在以下几个方面。

（1）通过对事故风险产生机理，风险传递及灾害发生连锁反应的分析，得出地铁施工灾害事故的发生是由多方面的风险因素组合而造成的，利用非线性映射处理可以确定事故发生的关键因素，对此类因素进行控制，就会降低风险控制的难度，减少事故发生率。

（2）基于海因里希的事故致因理论和轨迹交叉理论，将风险因素分为"人-机-环境-管理"四个维度，归纳总结了每个维度下的致险因子，并对风险事故的动态形成过程进行了分析。

（3）基于 WBS-RBS 理论及相关历史数据，并通过发放调查问卷和专家访谈的方式对地铁施工灾害中的风险源进行识别。在完成地铁施工灾害警兆指标的识别和编码的基础上，从"人-机-环境-管理"四个维度出发，编制并形成了地铁施工实时动态监控手册。

第5章 警兆输入子系统——监测指标的建立

5.1 非线性风险因素的映射分析

地铁施工灾害预警系统中的监测指标是事故最小割集中非线性风险因素组合中的一类因素，此类因素在风险因素组合引发风险事件的过程中起到至关重要的作用，此类因素与其他风险因素组合的概率大于其他风险因素，其他的风险因素在与此类风险因素组合的情况下其风险组合的风险性明显提高，此类因素就是其他致险非线性因素与灾害事故的映射指标，非线性因素的映射指标分析如图 5-1 所示。

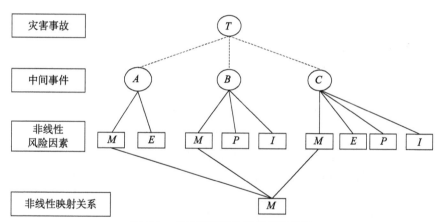

图 5-1 非线性因素的映射指标分析

在 M、E、P、I 等风险因素组合引发的中间事件中，风险因素 M 与其他风险因素组成的风险组合是产生中间事件的原因，正是风险因素 M 的存在使其他风险组合能够引发中间事件，风险因素 M 正是其他致险非线性因素与灾害事故的映射指标，也就是说其他风险因素只有与 M 因素组合才能产生风险，引发风险事故。映射指标最大的特点就是风险频次高，在风险事件的发生过程中与其他风险因素组合频次高。因为其自身的特性，可以引发其他风险因素的风险性，加速风险事件的产生，在风险事件的传递过程中其可与风险事件再次组合，继续传递，此类因素是风险控制过程中必须控制的因素，因为此类因素的存在大大影响其他风险因素的作用。

5.2　关联规则理论分析

为寻求地铁施工灾害的关键监测指标，首先从分析地铁工程施工现存的大量历史数据入手，依据地铁施工实时动态监控手册中的有关部分，其次运用关联规则理论工具进行计算，得到能够引发地铁施工灾害事故的频繁项集和各风险源组合，从而得到强关联规则，进而利用风险源之间的强关联规则来甄选地铁施工灾害的关键监测点和关键指标，为警兆输入子系统的实现打下基础。

数据之间的相关关系可以通过关联（association）分析来获取，具体的方法是，通过分析给定的一组项目和记录集，得到记录集之间的相关性。项目之间的关联性能通过关联规则来反映，关联规则能把一组数据项之间的密切程度和关系表现出来。

1. 关联规则分类

分别按照数据处理的类型、数据的抽象层次、数据的维数可以将关联规则分为三种分类。

（1）依据数据处理的类型，可将关联规则分为数值型和布尔型。数值型主要适用的关联规则计算范围是处理数值型数据；布尔型关联规则的适用计算范围是数据为离散型变量或类别变量，如"基坑深度为 15 米⇒边坡坍塌"为数值型关联规则，"涌水现象⇒基坑坍塌"为布尔型关联规则。

（2）依据数据的抽象层次，可将关联规则分为单层和多层关联规则。多层关联规则是解决较高层和细节层次间的关联关系，而单层关联规则是解决所有数据都不存在多个不同层次关联关系的问题，"支撑失稳⇒基坑坍塌"是多层关联规则，"支撑失稳⇒支撑变形"是单层关联规则。

（3）从数据维数的角度出发，关联规则可划分为单维和多维两个角度。多维关联规则涉及多个维度，适用于处理多维度数据交叉组合的情形，而单维关联规则只适用于单一维度数据的情形，如"缺失安全管理制度⇒施工人员操作失误"适用于多维关联规则，因为涉及人员和管理两个维度的关系，"安全意识浅薄的施工人员⇒施工人员操作失误"因为只涉及一个维度的信息，即人员，所以该风险组合适用于单维关联规则。

2. Apriori 算法

Srikant 于 1994 年提出了基于 Apriori 算法挖掘关联规则要解决由频繁项集

产生强关联规则。Cheung 等在 1995 年首先考虑了关联规则的高效更新问题[203]。

Apriori 算法主要适用于存在布尔关联规则的数据，它能挖掘具有该关联关系的频繁项集。Apriori 算法实现关联规则挖掘任务需要两个步骤才能完成频繁项集的挖掘工作。

（1）利用迭代算法，找出所有频繁项集，其集合存在于事物数据库中，且其支持度不能低于指定的阈值的项集。

（2）主要利用频繁项集来构造出用户最小任务度，此过程中识别出频繁项集是 Apriori 算法的核心。

3. Apriori 计算过程

在数据库 D 中，其数据存储量大，则若找到 m 个项目，则从而能从这些项目中形成 $2^m - 1$ 个不同项集，Apriori 算法引入潜在频繁项集概念主要为了避免计算所有项集的支持度。

C_k 表示潜在频繁 k 项集的集合，L_k 表示频繁 k 项集的集合，C_m^k 表示 m 个项目构成的 k 项集合，C_k、L_k、C_m^k 之间满足关系式 $L_k \subseteq C_k \subseteq C_m^k$。潜在频繁项集必须满足"频繁项集的子集必为频繁项集"这个原则。

关联规则需要具有以下两条性质。

（1）存在于频繁项集的子集必为频繁项集。

（2）（超集表示含有项集 X 的项集）非频繁项集的超集一定是非频繁的。

关联规则的实现过程如下，共分五步。

第一步，根据扫描得到的数据 D 从而计算出 1 项集的支持度，得到 1 项集的集合 L_1。

第二步，首先生成 C_k 即一个潜在的频繁 k 项集，然后再产生集合 L_k 即频繁 k 项集，JOIN 运算能够得到潜在频繁项集。若 p，$q \in L_{k-1}$，$p = \{p_1, p_2, \cdots, p_{k-2}, p_{k-1}\}$，$q = \{q_1, q_2, \cdots, q_{k-2}, q_{k-1}\}$；并且当 $1 \leqslant i \leqslant k-1$ 时，$p_i = q_i$；当 $i = k-1$ 时，$p_{k-1} \neq q_{k-1}$；则 $p \bigcup q = \{p_1, p_2, \cdots, p_{k-2}, p_{k-1}\}$ 是集合 C_k 中的元素。集合 C_k 表示潜在频繁 k 项集的集合。

第三步，C_k 是 L_k 的超集，不是所有的集合都是频繁的。C_k 的计算量很复杂，为了方便计算 C_k 的规模需满足以下性质：任何非频繁的 $(k-1)$ 项集一定不能是频繁 k 项集的子集。当某个 $(k-1)$ 子集不是 L_{k-1} 中的一部分时，那么该潜在频繁项集可从 C_k 中移去，因为该潜在的频繁项集一定不是频繁的。

第四步，搜索数据库 D 中的数据，计算出 C_k 中各个项集的支持度。

第五步，剔除 C_k 中不在支持度范围内的项集，形成 L_k。

利用迭代计算法则，从第二步到第五步循环计算，计算到不能产生新的频繁项集为止，该算法主要是找到所用在最小支持度范围内的频繁项集。

5.3　地铁施工灾害警兆监测指标分析

5.3.1　监测指标的特征

本研究中确定的监测指标，即为借助非线性映射降维原理和经过关联规则计算后得到的映射指标，此类指标有两个特征，一是出现频次高，二是可监控。

1. 出现频次高

此类指标对应的风险因素在与其他风险因素进行组合时出现的频次高。因为其自身特性，可以引发其他风险因素的风险性，加速风险事件的产生，在风险事件的传递过程中又可与风险事件再次组合，继续传递，此类因素影响其他风险因素发挥作用，是风险控制过程中必须控制的因素。

2. 可监控

本研究引入非线性映射概念，是为了在施工过程中对此类指标对应的风险因素进行控制以降低风险事件发生的概率，因此该因素可监控是监测指标确定的必要条件。

5.3.2　关联规则确定监测指标过程分析

1. 监测指标确定步骤

监测指标的确定是建立在关联规则分析出的频繁项集基础之上的，因此最终确定监测指标的步骤为以下三步。

1）确定风险组合

由案例分析出的风险因素进行组合，可以形成两个风险因素、三个风险因素和四个风险因素的组合，这些风险组合构成了形成事故的最小割集集合，也是最后引发灾害事故的致因因素。

2）确定频繁项集

根据最小支持度的理论对这些风险组合进行数据分析，确定最小支持度大于 2 的项集，这些项集造成事故的概率较大，此类项集进行支持度与可信度的分析。

3）确定监测指标

对分析出的频繁项集中的风险因素，运用累计支持度的分析，确定在风险组合中风险因素出现的频次，由频次出现的高低来确定风险因素在风险事件发生于传递中的作用大小，以及其对其他风险因素的非线性映射关系，最终确定监测指标。

2. 关联规则分析过程

利用关联规则的分析工具挖掘地铁施工事故数据的特点与规律，通过对以往地铁施工灾害发生情况的分析，确定发生的事故和风险源之间的联系，找到人、环境、机械设备和管理组织之间的内在关系，从而达到监测项目风险发生的情况[204]。具体分析过程如下。

（1）通过对以往地铁施工灾害的数据分析，形成可以供参考的数据表格，以便对施工事故进行分析。

（2）对形成的数据表格进行处理。对整理出来的数据表格反复检查，把不完整、缺项的数据进行修复或删除，对数据中特别主要、关键性的数据进行标注，以便做到能够在项目出现错误的时候及时查找。

（3）数据整理。总结以往地铁施工时发生的灾害事故，编制数据属性表格（表 5-1）。

表 5-1　地铁地下基坑工程施工灾害事故的数据属性

地铁地下基坑工程施工灾害事故（A）	事故情况（D）	施工器具（P）	施工人员（I）	管理（M）	环境风险（E）
A001 ...			...		

（4）构建频繁项集。通过分析模型中的数据，再基于 Apriori 算法计算出频繁谓词集。

（5）建立强关联规则。利用最小可信度这个属性来对已产生频繁谓词集项建立强关联关系。

（6）关联规则的解释说明。对于关联规则是否产生作用，要根据实际中的具体发生的情况，在有用的基础上对关联规则进行说明、解释。

地铁工程施工事故关联规则分析的具体流程如图 5-2 所示（其中频繁谓词集即为频繁项集）。

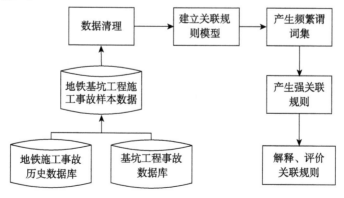

图 5-2　地铁工程施工灾害事故关联规则分析

5.4 关联规则计算

5.4.1 数据分析

1. 地铁工程事故数据

通过收集历史文献资料、进行实地调研、对地铁施工现场施工的动态监控，本书收录了大量施工事故数据资料，不包括不按强制性标准施工造成的事故，详见表 1-2 所列举的近十年来的地铁施工事故及其情况。

2. 数据清理

依据风险识别理论，首先要找到风险源；其次在风险源识别的基础上判断施工事故类型的程序；最后假定事故数据完整，但为了方便提出相关规则，其事故发生的时间、地点、事故编号不需要具体，应删减这些数据列，同时剔除不完善和劣质的信息，得到地铁施工事故数据表，如表 5-2 所示。

表 5-2 地铁施工灾害事故数据综合表

事故（A）	事故情况（D）	施工器具（I）	施工人员（P）	管理（M）	环境风险（E）
A001	地梁钢筋倾覆	非常规原因	错误操作	施工纪律不落实	周边环境
A002	渗水塌陷	故障	监测未发现	方案不妥	水文地质
A003	基坑坍塌	管线老化	错误操作	管理疏漏	形成水囊
A004	路面塌陷	操作失灵	操作不熟	信息不畅	地层沉降
A005	路面塌陷	非常规原因	监测不当	信息不畅	污水管多
A006	龙门吊倾倒	非常规原因	监测有误	管理疏漏	地面塌陷
A007	涌水致坍塌	水管崩裂	监测未发现	管理疏漏	水囊
A008	塌陷	管道断裂	不当施工	管理疏漏	沿线设施
A009	吊斗坠落	钢缆断裂	监测有误	管理疏漏	周边环境
A010	塌陷	非常规原因	监测有误	管理疏漏	土体疏松
A011	竖井坍塌	非常规原因	监测有误	管理疏忽	水文地质
A012	塌方	非常规原因	监测有误	管理疏忽	地质塌陷
A013	出入口塌方	非常规原因	监测有误	管理疏漏	水文地质
A014	涌水淹没路口	水管崩裂	监测未发现	安全检查不到位	周边设施
A015	围护结构塌方	围护故障	操作有误	信息不畅	环境复杂

事故（A）	事故情况（D）	施工器具（I）	施工人员（P）	管理（M）	环境风险（E）
A016	车站沉降	外力损坏	监测有误	信息不畅	雨水过多
A017	钻破煤气管道	操作有误	操作有误	信息不畅	临边管道
A018	工地塌方	管道崩裂	操作失误	管理缺陷	水管涌水
A019	电缆坠落	电缆断裂	监理监督失误	管理不到位	环境复杂
A020	塌方	非常规原因	打桩失误	勘察有误	溶洞地质
A021	工地发生地陷	操作不当	操作有误	管理不到位	地面沉陷
A022	爆炸	风管断裂	操作有误	管理不到位	环境复杂
A023	桥路面下陷	管道断裂	监测未发现	方案缺陷	水管涌水
A024	坍塌	非常规原因	监测有误	勘察有误	环境复杂
A025	道路塌方	施工面断裂	监测有误	勘察有误	水文地质
A026	基坑土体滑坡	非常规原因	监测过失	管理缺陷	雨水过多
A027	建筑物倾斜，下沉	故障	监理过失	工艺顺序有误	地质松软
A028	楼房倾斜下沉	非常规原因	监测未发现	方案缺陷	水文地质
A029	吊车侧翻	故障	操作有误	粗心大意	道路不畅
A030	火灾	电器老化	电器短路	缺乏安全意识	储存物多
A031	模板坍塌	安装不规范	监测过失	管理疏忽	交通环境

3. 属性分类

总结表 5-2 中的事故情况（D），本研究将地铁施工灾害事故分为四大类型，具体为：T_1 表示出现坍塌事故；T_2 表示第三方造成的破坏；T_3 表示施工器具类出现破坏；T_4 表示其他事故类型。为了适用关联规则所需要的数据类型，进而辨别工程风险，以下研究将地铁施工灾害事故发生原因划分为四大数据维度，并一一进行标记。

（1）人为风险维。P_1 表示出现监理失误；P_2 表示现场监测工作失误；P_3 表示施工人员操作违规；P_4 表示承包商出现失误；P_5 表示其他人为出现失误。

（2）施工器具风险维。I_1 表示施工器具出现损坏；I_2 表示施工器具存在质量缺陷；I_3 表示个人防护用品缺陷；I_4 表示其他施工器具存在缺陷。

（3）环境风险维。E_1 表示地质有风险；E_2 表示施工现场太复杂；E_3 表示天气情况太恶劣；E_4 表示地下管线布置复杂；E_5 表示人文环境有风险；E_6 表示风险仍存在于其他环境方面。

（4）管理风险维。M_1 表示管理信息沟通缺乏真实性；M_2 表示安全检查力度严重不够；M_3 表示缺乏安全教育；M_4 表示没有明确各主体的责任；M_5 表示其他管理方面存在失误。

综上研究分类，可以将地铁施工灾害事故类型与四大事故产生原因维度用图清晰地展示出来，如图 5-3 所示。

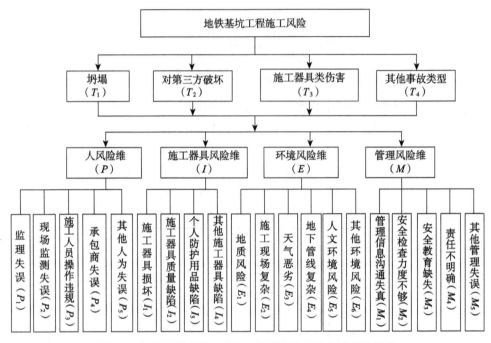

图 5-3　地铁地下基坑工程施工灾害事故风险各维度的设定

由表 4-6、附录 A、表 5-1、表 5-2 提供的监测手册中进一步提取关键指标，并从收集的相关文献资料中总结出各事故类型的发生概率和数量，如图 5-4 所示。鉴于计算工作量较大，仅以坍塌事故（T_1）为例计算从人、机、环境和管理四个维度识别出的关联规则，有目的地挖掘有效数据。

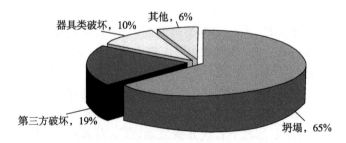

图 5-4　地铁施工灾害事故类型比例图

根据图 5-4 所示，坍塌事故占了很大一部分的比例，因此，依据地铁施工相关联规则的挖掘目的，收集整理出相关数据样本。其中从原始的地铁施工数据最终整理出 20 个数据，可表示为表 5-3 所示的地铁地下工程施工灾害事故经清理后的数据统计表。

表 5-3　地铁工程施工坍塌事故经清理后的数据统计表

基坑事故类型 T	人为风险维 P	施工器具风险维 I	环境风险维 E	管理风险维 M	基坑事故类型 T	人为风险维 P	施工器具风险维 I	环境风险维 E	管理风险维 M
T_1	P_3	I_4	E_6	M_2	T_1	P_2	I_4	E_5	M_4
T_1	P_2	I_1	E_2	M_1	T_1	P_3	I_1	E_6	M_1
T_1	P_2	I_2	E_2	M_4	T_1	P_2	I_1	E_3	M_1
T_1	P_2	I_4	E_4	M_1	T_1	P_3	I_1	E_4	M_4
T_1	P_1	I_4	E_1	M_1	T_1	P_1	I_4	E_5	M_1
T_1	P_2	I_1	E_4	M_4	T_1	P_3	I_1	E_1	M_4
T_1	P_3	I_1	E_4	M_4	T_1	P_2	I_4	E_6	M_4
T_1	P_2	I_4	E_5	M_2	T_1	P_2	I_4	E_5	M_4
T_1	P_2	I_4	E_5	M_4	T_1	P_2	I_4	E_3	M_4
T_1	P_2	I_4	E_6	M_4	T_1	P_2	I_4	E_4	M_4

5.4.2　频繁谓词集的产生

利用 Apriori 算法来筛选频繁谓词集，以坍塌事故为研究对象，假设最小的支持度计数为 2。再通过 Excel 软件找寻频繁谓词集。

除去利用 Excel 软件找寻出的不满足最小支持度计数为 2 的频繁谓词集，其他的如表 5-4～表 5-7 所统计的。

（1）地铁地下工程施工灾害风险具有四个谓词的频繁项集，如表 5-4 所示。

表 5-4　地铁工程坍塌事故的频繁项集有四个谓词

谓词集	支持度计数
P_2, I_4, E_6, M_4	2
P_2, I_4, E_5, M_4	3
P_3, I_1, E_4, M_4	2

（2）地铁工程施工风险具有三个谓词的频繁项集，如表 5-5 所示。

表 5-5　地铁工程施工坍塌的频繁项集有三个谓词

谓词集	P_2, I_1, M_1	P_1, I_4, M_1	P_2, I_4, E_5	P_2, I_4, M_4	P_2, I_4, E_4
支持度计数	2	2	4	7	2
谓词集	P_2, E_5, M_4	P_2, I_4, E_6	P_3, I_1, M_4	I_4, E_5, M_4	P_2, E_6, M_4
支持度计数	3	2	3	3	2
谓词集	P_2, E_4, M_4	P_3, I_1, E_4	I_4, E_6, M_4	P_3, E_4, M_4	I_1, E_4, M_4
支持度计数	2	2	2	2	3

（3）具有两个谓词的频繁项集，如表 5-6 所示。

表 5-6　地铁工程施工坍塌频繁项集有两个谓词

谓词集	E_6, M_4	P_1, I_4	P_2, E_3	P_3, E_6	P_2, I_1	P_2, I_4	P_2, E_2	I_4, M_1	P_2, M_4
支持度计数	2	2	2	2	3	9	2	3	9
谓词集	P_2, E_5	P_2, E_6	P_2, M_1	I_1, M_4	P_3, I_1	P_3, E_4	P_3, M_4	I_1, E_4	I_4, E_4
支持度计数	4	2	3	4	4	2	3	3	2
谓词集	I_1, M_1	P_1, M_1	P_2, E_4	I_4, E_5	I_4, E_6	E_5, M_4	I_4, M_2	I_4, M_4	E_4, M_4
支持度计数	3	2	3	4	4	3	2	7	4

（4）有一个谓词的频繁项集，如表 5-7 所示。

表 5-7　地铁工程施工坍塌事故满足一个谓词的频繁谓词集

谓词集	P_1	I_1	E_6	M_1	P_2	E_2	M_4	E_5	P_3	I_4	E_1	E_3	E_4
支持度计数	2	7	4	6	13	2	12	5	5	12	2	2	5

5.4.3　关联规则的产生

依据表 5-3 总结出的分别含有一个、两个、三个和四个的频繁谓词集，选取四个谓词集的为例进行计算，其他谓词集的频繁项集依次类推。

（1）$S = \{T_1, P_2, I_4, E_5, M_4\}$，其子集非空。从中可得到的有关施工坍塌事故灾害类型的关联规则为 $P_2, I_4, E_5, M_4 \Rightarrow T_1$，support（$P_2, I_4, E_5, M_4 \Rightarrow T_1$）= 15%，confidence（$P_2, I_4, E_5, M_4 \Rightarrow T_1$）= 3/3 = 100%。

（2）$S_2 = \{T_1, P_2, I_4, E_6, M_4\}$，其子集非空。从中可提取的关于施工坍塌事故类型的关联规则为 $P_2, I_4, E_6, M_4 \Rightarrow T_1$，support（$P_2, I_4, E_6, M_4 \Rightarrow T_1$）= 10%，confidence（$P_2, I_4, E_6, M_4 \Rightarrow T_1$）= 2/2 = 100%。

（3）$S_3 = \{T_1, P_3, I_1, E_4, M_4\}$，其子集非空。从中可得到的关于施工坍塌事故灾害类型的关联规则为 $P_3, I_1, E_4, M_4 \Rightarrow T_1$，support（$P_3, I_1, E_4, M_4 \Rightarrow T_1$）= 10%，confidence（$P_3, I_1, E_4, M_4 \Rightarrow T_2$）= 2/2 = 100%。

假设最小置信度阈值为 50%，则所得到的三个关联规则均为强关联规则。

5.4.4　强关联规则的评价

对上述频繁谓词集进行评价。

（1）强关联规则（P_2，I_4，E_5，$M_4 \Rightarrow T_1$）可表示为〔现场监测失误，其他设备原因，地质原因，责任不明确 $\Rightarrow$ 坍塌（support $= 15\%$，confidence $= 100\%$）〕。如果施工现场对施工过程的监控不严并且各个管理层之间的交流产生阻碍，那么施工过程产生施工事故的可能性就会大大增加。地铁管线调查信息不详细、资料管线管理力度不大等都会导致地铁施工事故的发生。

（2）强关联规则（P_2，I_4，E_6，$M_4 \Rightarrow T_1$）可表示为〔现场监测失误，设备故障，沿线设施复杂，责任不明确 $\Rightarrow$ 坍塌（support $= 10\%$，confidence $= 100\%$）〕，即当地铁施工现场出现管理上的漏洞，如无安全检查等，出现地质灾害时会发生坍塌的事故。2003 年 10 月 8 日，北京 5 号地铁线崇文门站发生的施工事故就是其管理层没有充分重视施工安全，对施工工程中的安全问题没有认真分析，同时在施工过程中没有严格遵守施工规范和技术标准，在机械施工过程中存在违章操作，因此造成施工事故。地铁施工是一项施工困难、技术复杂的建设项目，在施工过程中要严格遵守强制性规定，减少施工发生的风险。

（3）强关联规则（P_3，I_1，E_4，$M_4 \Rightarrow T_1$）可表示为〔操作失误，设备故障，沿线设施复杂，责任不明确 $\Rightarrow$ 坍塌（support $= 10\%$，confidence $= 100\%$）〕。当施工现场施工条件困难，管线管道铺设复杂，勘察设计又不能满足施工要求时，往往会对地下管线的配设造成监控不利，从而导致施工发生对第三方造成损失。2011 年北京地铁支线站主体的坍塌主要原因就是污水管道长期渗漏造成对周围土体的侵蚀，使土体的支撑力下降，造成基坑周围护桩的倒塌。管线水体的长期渗漏导致周围土体的松散、承载力下降，最后在水压力的作用下导致崩塌事故。总之不良地质的形成跟管线的破裂渗漏是密不可分的。

5.5　地铁施工灾害监测项的确定

综合对监控手册中研究的监测风险源，甄选施工风险源监测项目组合，再依据关联规则分别挖掘出含有四个谓词、三个谓词、两个谓词、一个谓词的地铁工程施工事故频繁项集，共归纳总结出 33 个频繁的风险源组合。

（1）地铁工程施工事故频繁项集中含有四个谓词的集合是用上述关联规则理论选取的，总结出一套结合实际管理经验的风险源组合如表 5-8 所示。

表 5-8　地铁施工坍塌事故频繁项集具有四个谓词

风险源 事故	人	施工机具	环境	管理
a	现场监测失误	其他施工器具缺陷	其他环境风险	责任不明确
b	现场监测失误	其他施工器具缺陷	人文环境风险	责任不明确
c	施工人员操作违规	施工器具损坏	地下管线复杂	责任不明确

（2）依据上面的计算法则，地铁地下工程施工事故中含有三个谓词的频繁项集是用上述关联规则理论选取的，总结出一套结合实际管理经验的风险源组合如表 5-9 所示。

表 5-9　地铁施工坍塌事故频繁项集具有三个谓词

风险源 事故	人	施工机具	环境	管理
a	现场监测失误	施工器具损坏	—	管理信息沟通失真
b	监理失误	其他施工器具缺陷	—	管理信息沟通失真
c	现场监测失误	其他施工器具缺陷	人文环境风险	—
d	现场监测失误	其他施工器具缺陷	—	责任不明确
e	现场监测失误	其他施工器具缺陷	地下管线复杂	—
f	现场监测失误	—	人文环境风险	责任不明确
g	现场监测失误	其他施工器具缺陷	其他环境方面风险	—
h	施工人员操作违规	施工器具损坏	—	责任不明确
i	现场监测失误	—	地下管线复杂	责任不明确
j	施工人员操作违规	施工器具损坏	地下管线复杂	—
k	—	其他施工器具缺陷	其他环境风险	责任不明确
l	施工人员操作违规	—	地下管线复杂	责任不明确
m	—	施工器具损坏	地下管线复杂	责任不明确

（3）依据上面的计算法则，地铁地下工程施工事故中含有两个谓词的频繁项集是用上述关联规则理论选取的，总结出一套结合实际管理经验的风险源组合如表 5-10 所示。

表 5-10　地铁施工坍塌事故频繁项集具有两个谓词

风险源 事故	人	施工机具	环境	管理
a	监理失误	—	—	管理信息沟通失真
b	现场监测失误	施工器具损坏	—	—
c	现场监测失误	其他施工器具缺陷	—	—
d	现场监测失误	—	施工现场复杂	—

续表

风险源 事故	人	施工机具	环境	管理
e	现场监测失误	—	天气恶劣	—
f	现场监测失误	—	地下管线复杂	—
g	现场监测失误	—	人文环境风险	—
h	现场监测失误	—	—	管理信息沟通失真
i	现场监测失误	—	—	责任不明确
j	施工人员操作违规	施工器具损坏	—	—
k	施工人员操作违规	—	地下管线复杂	—
l	施工人员操作违规	—	—	责任不明确
m	—	施工器具损坏	地下管线复杂	—
n	—	施工器具损坏	—	管理信息沟通失真
o	—	施工器具损坏	—	责任不明确
p	—	—	地下管线复杂	责任不明确
q	—	—	人文环境风险	责任不明确

通过找出风险源之间的关联规则，对实施坍塌事故灾害的控制和确定可控度有很大帮助，对上述 33 个风险源组合中的某一个风险源进行监控时，要防止其与其他相关联风险源的耦合，它们之间的关联性会导致事故的发生，而且因为该风险与其他风险组合还有关联性规则，还有可能引起另一个事故的发生，所以在对一个关键警兆进行监测时，要加强与之相关的其他相关风险源的监控，防止它们之间的偶联，可以有效防止崩塌事故的发生。

5.6　警兆监测指标的建立

在上文中基于关联规则的方法挖掘出 33 个风险源组合与地铁施工事故之间的频繁项集，将这些风险源一一对应将其转换成可监测指标，最后得到地铁施工灾害警兆监测的关键指标。警兆指标是建立预警诊断模型的前提条件，警兆指标的确定还是计算关联度的前提，对可控度的研究也有相当大的作用。

5.6.1　事故警兆监测指标确定

在地铁施工过程中，要加强对警兆的识别力度，一旦识别出警兆，就要立即行动采取应对措施，防止事态扩大。通过上述研究的结果，同时根据专家的验证，在进行深基坑和盾构施工过程中面临的警兆如表 5-11 所示，警兆监测指标依据第 4 章地铁施工实时动态监控手册中监测指标编码原则进行编号[205]。

表 5-11　地铁施工灾害警兆监测指标

名称	一级风险	二级风险	警兆	警兆监测指标	警兆监测指标编号
基坑工程施工风险	行为人风险	施工人员操作违规、现场监测失误、监理过失、承包商失误、其他人为失误	精神状态不佳	(1) 工人工作时间长度	001112001000101××
				(2) 工作环境（机内压力值、空气质量、有害物质含量）的影响程度	001112001000202××
				(3) 施工人员能力水平与工作的符合性	001112001000303××
			知识欠缺、经验不足	(1) 技术业务培训考核记录	001112001000404××
				(2) 施工质量考核验收记录	001112001000505××
				(3) 工作人员上岗证审核	001112001000606××
				(4) 安全管理人员资质	001112001000707××
			操作不正确	(1) 施工人员工作质量考核验收记录	001112001000808××
				(2) 施工人员误操作、过失记录	001112001000909××
	施工器具风险	施工机械运行失常	运行速度慢	(1) 器具故障率	001214003000101××
		施工器具损坏	模板、脚手架体系失稳	(1) 器具故障率	001214003000202××
				(2) 员工违规率	001214003000303××
			运输、拼装、注浆工作状态差	(1) 各系统施工组织工作效率匹配度	001214003000404××
				(2) 机械设备无故障工作时间	001214003000505××
				(3) 机械设备安全检查隐患排除数量	001214003000606××
				(4) 易损、易坏部件更换时间	001214003000707××
		盾构机故障	参数不对	(1) 掘进轴线偏离度	001214003000808××
				(2) 刀盘转速	001214003000909××
				(3) 推进速度（每分钟）	001214003001010××
				(4) 螺旋出土器出土量	001214003001111××
				(5) 压力舱内压力值	001214003001212××
				(6) 盾构姿态（自转量）	001214003001313××

续表

名称	一级风险	二级风险	警兆	警兆监测指标	警兆监测指标编号
基坑工程施工风险	施工器具风险	施工参数不正确	出现施工质量问题	(1) 设定土压、周围水土压力偏差	001214003001414××
				(2) 管片拼装受损位置及密封失效位置记录	001214003001515××
				(3) 注浆材料类型	001214003001616××
				(4) 一次注浆施工压力	001214003001717××
				(5) 一次、二次注浆量	001214003001818××
	环境风险	地质风险源	周边建筑物倒塌	(1) 邻近建筑位移	001323002000101××
				(2) 裂缝宽度	001323002000202××
			周边地表沉降	(1) 基坑周边地表竖向位移	001323002000303××
				(2) 裂缝宽度	001323002000404××
			地墙渗漏	(1) 围护墙（边坡）顶部水平位移	001323002000505××
				(2) 围护墙（边坡）顶部竖向位移	001323002000606××
				(3) 深层水平位移	001323002000707××
				(4) 孔隙水压力	001323002000808××
				(5) 地下水位变化	001323002000909××
		基坑施工现场复杂	承压水突涌	(1) 围护墙（边坡）顶部竖向位移	001323002001010××
				(2) 地下水位变化	001323002001111××
				(3) 土压力	001323002001212××
			坑底隆起	(1) 坑底隆起（回弹）	001323002001313××
			支撑失稳	(1) 围护墙（边坡）顶部水平位移	001323002001414××
				(2) 围护墙（边坡）顶部竖向位移	001323002001515××
				(3) 深层水平位移	001323002001616××

续表

名称	一级风险	二级风险	警兆	警兆监测指标	警兆监测指标编号
基坑工程施工风险		基坑施工现场复杂	支撑失稳	(4) 立柱竖向位移	0013230020017170017×××
				(5) 支撑内力	0013230020018180018×××
				(6) 围护墙内力	0013230020019190019×××
				(7) 立柱内力	0013230020020200020×××
			地下管道错位、开裂	(1) 地下管线沉降变形	0013230020021210021×××
		盾构施工现场复杂	隧道施工问题	(1) 施工埋深	0013230020022220022×××
				(2) 盾构半径	0013230020023230023×××
				(3) 曲率半径	0013230020024240024×××
				(4) 设计资料准确度复核计算	0013230020025250025×××
	环境风险	天气风险源	自然灾害	(1) 暴雨等恶劣天气出现频率	0013230020026260026×××
				(2) 隧道线路上方荷载	0013230020027270027×××
				(3) 设计保证系数	0013230020028280028×××
		人文环境因素	工作环境恶劣	(1) 盾构机内压力值	0013230020029290029×××
				(2) 空气质量	0013230020030300030×××
				(3) 有害物质含量	0013230020031310031×××
		其他环境方面原因	配套设施出现问题	(1) 居民楼建筑不均匀沉降值	0013230020032320032×××
				(2) 建筑裂缝观察值	0013230020033330033×××

续表

名称	一级风险	二级风险	警兆	警兆监测指标	警兆监测指标编号
基坑工程施工风险	环境风险	其他环境方面原因	配套设施出现问题	(3) 地面铁路线、铁路高架桥和沿线路基的沉降量	00132300200343434×××
				(4) 用水管线沉降量	00132300200353535×××
				(5) 铁路运行荷载	00132300200363636×××
		安全检查力度不够	勘察、监测问题	(1) 勘查、设计资料复核制度	00141400400010101×××
				(2) 监测资料文件系统管理水平	00141400400020202×××
		安全教育缺失	管理规范规执行不到位	(1) 规范执行情况的检查合格率	00141400400030303×××
				(2) 自查故障排除率	00141400400040404×××
	管理风险	责任不明确	安全事故	(1) 管理人员的资质等级	00141400400050505×××
				(2) 身体健康状况、知识技能水平	00141400400060606×××
				(3) 施工监测数据核查记录	00141400400070707×××
		管理信息沟通失真、其他管理方面失误	施工规范不完备	(1) 施工规范体系完备性检查	00141400400080808×××
				(2) 应急管理制度检查	00141400400090909×××

5.6.2　警兆监测指标的指标阈确定

为了更完整地表述警限划分的过程，以表 5-11 中的部分警兆监测指标为例对警限划分进行阐述。

为了对警限进行划分，第一步要确定指标阈。基于第一步确定的指标阈主要从三个方面进行判定：①根据专家及专题报告；②国家相关的法律法规和行业及地方标准；③以往工程实践的总结经验。

以常见的地铁建设的深基坑事故为例，指标阈来源于《建筑基坑工程监测技术规范》(GB 50497—2009)，指标阈最后的确定征求了 103 位专家的调查意见，并让专家填上了数据，然后又通过各个专家的分析和数据处理，综合所有结果得到了地铁深基坑报警阈的结果。又根据国家现行的行业标准，参照大部分地区的报警指标，确定了地铁施工监测指标阈，如表 5-12 所示。

表 5-12　地铁施工地下深基坑工程警兆监测指标阈确定

事故类型	警兆	警兆监测指标	指标阈（累计值）
坍塌	地墙渗漏	围护墙（边坡）顶部竖向位移	10～20 毫米
		围护墙（边坡）顶部水平位移	25～30 毫米
		孔隙水压力	(60%～70%) f_1
		深层水平位移	40～50 毫米
		地下水位变化	1 000 毫米
	支撑失稳	围护墙（边坡）顶部竖向位移	10～20 毫米
		围护墙（边坡）顶部水平位移	25～30 毫米
		立柱竖向位移	25～35 毫米
		深层水平位移	40～50 毫米
		支撑内力	(60%～70%) f_2
		围护墙内力	
		立柱内力	
		锚杆内力	
	承压水突涌	围护墙（边坡）顶部竖向位移	10～20 毫米
		地下水位变化	1 000 毫米
		土压力	(60%～70%) f_1
	坑底隆起	坑底隆起（回弹）	25～35 毫米
对第三方破坏	周边地表沉降	基坑周边地表竖向位移	25～35 毫米
		裂缝宽度	10～15 毫米
	周边建筑物倒塌	邻近建筑位移	10～60 毫米
		裂缝宽度	1.5～3 毫米
	地下管道错位、开裂	地下管线沉降变形	10～20 毫米

续表

事故类型	警兆	警兆监测指标	指标阈（累计值）
器件类伤害	机械事故	器具故障率	< 9.1%
		员工违规率	< 9.1%
	脚手架体系失稳	器具故障率	< 9.1%
		员工违规率	< 9.1%
	模板体系失稳	器具故障率	< 9.1%
		员工违规率	< 9.1%

注：①表中出现的 f_1 代表荷载设计值，表中出现的 f_2 代表构件承载能力设计值；②该表中的指标阈全是对照深度阈划分的且一级基坑类别；③其中员工违规率和用器具故障率的选取是根据海因西里法则来确定的，认为多数情况是安全的，所以选取多数为最终值，员工违规率和用器具故障率的30/330，即指标阈值；④员工违规次数/员工总数×100%＝员工违规率，器具故障发生次数/器具总数×100%＝器具故障率

5.7 本 章 小 结

本章对地铁施工中的风险因素进行了非线性映射分析，得出非线性风险因素，将其称为关键因素，关键因素的存在大大影响着其他风险因素的作用，对此类因素进行控制，可以降低事故发生率。而对于如何筛选关键指标，本研究选择采用关联规则算法。基于"人-机-环境-管理"四个维度，用关联规则得出了地铁施工事故类型与施工风险源的关联性，构建了一套相对完整的风险监测指标，为第 6 章建立指标物元模型和警情现状物元模型打下基础。实现了预警系统监测数据的有效采集和输入及地铁施工风险管理的"预防"与"控制"功能。从警兆指标数据建立的研究中可以看出目前地铁施工灾害的特殊性，为了更好地实现警兆输入子系统的所有功能，在实际工作中仍需注意以下几个问题。

（1）地铁施工的不确定性和施工环境的特殊性使地铁在建设过程中存在难以避免的高风险。因此，必须对地铁施工过程进行强有力的监控，从而减少风险和事故发生的可能性，把财产和人员的伤亡降低到最小。其中，对关键警兆指标的科学选取及对关键警兆指标的动态监测已成为防范施工灾害发生的重要工作。

（2）将关联规则这个理论巧妙地引入关键警兆监测指标的甄选研究中，通过关联分析对关键警兆指标的关联强度进行分析，转换传统的分析方式，逐渐从定性分析转变到定量分析，得出风险源与警兆之间的强关联规则，能够加强对警兆的监控，增强在地铁施工过程中对警兆的识别。完善地铁施工风险监测指标体

系，为建立地铁施工灾害预警监控系统奠定基础。

（3）最小可信度和最小支持度会影响关联规则，监测指标的指标阈的设定将影响挖掘指标之间的强关联关系。因此需对专家进行访谈和结合相关实际经验来合理选取阈值，以保证强关联规则的挖掘质量。

第6章 警情诊断子系统——警度判断及可控度模型建立

6.1 研究方法分析

6.1.1 可拓集合与可控度

可拓阈界定了系统是否出现问题及事故是否可控的边界，在阈值内包含着重大的转机的一部分。而可拓集合理论主要用于解决矛盾问题，因此在有关可拓阈的研究中可以采用该理论及相关方法，即可以通过控制存在重大转机的那部分使之划分到合格范围内来预防系统的不正常运作，降低事故发生率。很多学者都将精力投入该部分的研究中，并把这一发现作为控制研究的重中之重，使可拓理论得到了发展，也在很多领域得到了应用，可拓集合在控制论的应用中产生了以下含义。

定义 6.1 描述系统状态的典型变量称为特征量，用 C 表示。

定义 6.2 由特征量描述的系统状态称为特征状态，用 S 表示。$S=(C_1,$ $C_2,\cdots,C_n)$，其中，C_i 表示第 i 个特征量。

定义 6.3 系统调节过程中任一状态与关于系统特征状态 S 的可拓集合 $\tilde{x}$ 的关系称为特征状态关联函数，用 $K_{\tilde{x}}(S)$ 表示，$K_{\tilde{x}}\in(-\infty,+\infty)$。它表明了系统特征状态 S 和可拓集合 $\tilde{x}$ 的关联程度，具体分为以下三种情况。

（1）$K_{\tilde{x}}(S)<-1$ 表示无法通过改变操纵变量的值，使特征状态转变到符合控制要求的范围内。

（2）$-1<K_{\tilde{x}}(S)<0$ 表示可以通过改变操纵变量的值，使特征状态转变到符合控制要求的范围。

（3）$K_{\tilde{x}}(S)>0$ 说明特征状态 S 与控制要求的程度是一样的。

可拓控制主要是处理 $-1<K_{\tilde{x}}(S)<0$ 的情况，这一范围的关联函数反映了在操纵变量选定的情况下，控制转变的困难程度，特征状态关联函数负值越大（即越负），所需要控制量就越大。

从上述可拓控制关于可拓阀的应用和分析中得出结论,关联函数越负,控制难度就越大,反之则控制难度降低(与可控度的性质一相符合);换言之,关联函数越负,控制量的需求就越大,反之控制量的需求就越小(与可控度的性质二相符合);再则,关联函数越负,其被控制的概率越小,反之被控制的概率增大(与可控度的性质三相符合)。同时,可为了解决致动器的优化问题,可控阈成为可拓控制的主要研究,因此可控度是位于可拓阈中的关联函数值的定义。

6.1.2　基于可拓理论的可控度研究

由于预警诊断模型是基于可拓理论的,可拓理论的两个理论支柱是可拓集合理论及物元理论,因此,很有必要研究物元理论和可拓集合理论的概念。

1. 物元理论

物元可以被比作可拓理论中的逻辑细胞,它同时描述了考虑量变和质变的思维过程,主要是通过综合考虑事物、特征、量值来实现的。有如下定义。

定义 6.4　设 I 为某事物,C 代表某事物的特征,V 表示该事物特征的量值,则可用这三个变量来描述该事物 $\boldsymbol{R}=(I,C,V)$,这三个变量组成的三元组称为物元。

上面描述的是维度为一时的状况,而事实中事物往往存在多个特征关系,一定有多个量值,则不能再用上述式子了,应该用式(6-1)来表示如下:

$$\boldsymbol{R}=\begin{bmatrix} I & C_1 & V_1 \\ & C_2 & V_2 \\ & \vdots & \vdots \\ & C_n & V_n \end{bmatrix}=\begin{bmatrix} \boldsymbol{R}_1 \\ \boldsymbol{R}_2 \\ \vdots \\ \boldsymbol{R}_n \end{bmatrix} \tag{6-1}$$

其中,第 i 个特征的量值用 V_i 表示,事物 I 的第 i 个特征用 C_i 表示。

2. 可拓集合理论

关于经典集合及模糊集合描述静态事物的缺陷,在可拓集合理论中得到了弥补,有如下定义。

定义 6.5　有限实区 $X_0=<a,b>$ 与点 x 的距离为

$$\rho(x,X_0)=\left|x-\frac{a+b}{2}\right|-\frac{1}{2}(b-a)=\begin{cases} a-x, & x\leqslant\dfrac{a+b}{2} \\ x-b, & x>\dfrac{a+b}{2} \end{cases} \tag{6-2}$$

定义 6.6　若区间 $X_0\subset X$,实域上任一点 x 关于 X_0,X 的位值为

$$D(x,X_0,X)=\begin{cases} \rho(x,X)-\rho(x,X_0), & x\notin X_0 \\ \rho(x,X)-\rho(x,X_0)+a-b, & x\in X_0 \end{cases} \tag{6-3}$$

定义 6.7　设区间 $X_0 = (a, b)$，$X = (c, d)$，$X_0 \subset X$ 且无公共端点，x 关于区间 X_0 和 X 的关联函数为

$$K(x) = \frac{\rho(x, X_0)}{D(x, X_0, X)} \tag{6-4}$$

其中，X 为节余域；X_0 为经典域。

当分母为 0 时的关联函数是

$$K(x) = -\frac{\rho(x, X_0)}{l_{X_0}} \tag{6-5}$$

其中，l_{X_0} 为 X_0 的长度。

3. 预警诊断中的可控度研究

基于可拓理论的预警诊断就是可拓诊断的全称，而可拓诊断能够运用到很多领域，而风险管理领域被运用得最多，其实用性早已得到证实。具体步骤如下。

第一步，建立预警诊断模型。

通过收集历史资料，并大量阅读学者研究过预警诊断模型的文献来确定监测指标，结合专家经验后，综合形成警限，从而形成预警诊断模型。

第二步，建立警兆物元模型。

$$\boldsymbol{R}_i = \begin{bmatrix} I_i & C_{i1} & V_{i1} \\ & C_{i2} & V_{i2} \\ & \vdots & \vdots \end{bmatrix}, \quad i = 1, 2, \cdots, n$$

其中，I_i 表示警度；C_{ij} 表示 i 级警度的第 j 个警兆监测指标；V_{ij} 表示 C_{ij} 的特征值域。

第三步，建立警情现状物元模型。

第四步，计算警兆监测指标的关联函数值。

节余域的确定是根据 $X_0 \subset X$，将警情现状物元模型和警兆监测指标的物元模型带入式（6-2）～式（6-5）中，通过精确计算，得到关联函数值 μ_{ij}。

第五步，确定指标的权重 λ_{ij}。

指标的权重主要是通过专家打分法，然后去除一些无效数据，组合整理得到各监测指标的权重 λ_{ij}。

第六步，计算关联度 $K(I_i)$。

$$K(I_i) = \sum \mu_{ij} \lambda_{ij} \tag{6-6}$$

通过 6.1.1 小节描述的可拓控制的理论可知，若 $K(I_i) > 0$，此时的警情的级别被划分为第 i 级秉承最大隶属度原则，将 $K(I_i)$ 按降序排列，从排序中找到最大值，其警度被认定为该警情状态下的警度。

可拓阈即处于（-1, 0）的 $K(I_i)$ 值，可拓阈是可拓控制中该分析的最重要

值，应当将可拓阈作为研究的重点。依据可拓控制在 6.1.1 小节对可控度的定义可知，属于可拓阈中的关联度越负，转变控制的难度就越大，控制量的需求就越大，被控制的概率就越小。可拓阈中的 $K(I_i)$ 即为可控度。随着 $K(I_i)$ 增大，其可控度也增大，而可控度和纠偏成反比，当可控程度越大纠偏反而越容易，反之纠偏就越困难。

6.2　可拓理论解决警情诊断问题的优势

由于可拓阈这一部分的集合能在有效的控制下将系统从"非优状态"转化为"优状态"，因此对研究灾害事故是否可控具有独特的优势，本章就是据此来挖掘可拓控制理论在警情诊断中的作用，深入研究警度和可控度的定量化问题，其主要内容为：在充分识别警兆的情况下，将警情可控程度定量化，并分析警源的可控情况，将其他警情诊断结果与可控度定量化结果结合，从而启动预案，解决在不同警度和可控度下各指标的资源分配，在有限资源的情况下，为预案的实现提供科学的依据。而常见的方法都不具备可拓理论方法的实用性，具体分析如表 6-1 所示。

表 6-1　通常预警系统中的理论方法

方法	缺点
德尔菲法	其评价缺乏数学作为依据，并且主观性太强
模糊综合评判法	灾害事故各因素下的指标界限并不明确，而模糊综合评判正好解决此类问题，则该方法应用较广
灰色聚类法	不对事故进行分级研究，而是利用聚类分析，因为直接利用聚类分析后的成果划分类别，其结果会缺乏可比性，会出现定性分析划分的等级和定量分析的等级不一致
层次分析法	受主观因素影响较大
人工神经网络	人工神经网络分析缺点是需要大量的数据作为支撑，优点是逼近、分类能力、并行处理能力较强

如表 6-1 所示的人工神经网络、层次分析、模糊综合评判和灰色聚类方法虽然都存在一些不足之处，但是仍经常被引用到预警系统当中，但可拓理论能弥补以上这些理论在预警系统中应用的不足，因此可以作为相对较好的研究预警系统的理论工具。

6.3　地铁施工灾害物元模型的建立

6.3.1　警兆监测指标警限划分

划分警限的第二步是确定警度之间的警限，它们分别是中警和轻警警情之间的警限、重警和中警之间的警限。利用海因里希的事故划分原则，将指标阈内各警度划分为三种，重警占 1/330，中警占 29/330，轻警占 270/330。然后，再依据不同的地铁施工灾害的警兆指标，建立各警兆指标对应的预警诊断标准模型，整理如表 6-2～表 6-11 所示。

表 6-2　地墙渗漏警兆指标预警诊断标准模型

警兆	警兆指标	警度			
		重警 (I_1)	中警 (I_2)	轻警 (I_3)	无警 (I_4)
地墙渗漏 (R^1)	地下水位变化/毫米	(997, 1 000]	[910, 997)	(0, 910)	[0]
	深层水平位移/毫米	(49.97, 50]	[49.1, 49.97)	[40, 49.1)	[0, 40)
	孔隙水压力	(69.97, 70]%f_1	[69.1,69.97)%f_1	[60, 69.1)%f_1	[0, 60)%f_1
	围护墙（边坡）顶部竖向位移/毫米	(19.97, 20]	[19.1, 19.97)	[10, 19.1)	[0, 10)
	围护墙（边坡）顶部水平位移/毫米	(29.985, 30]	[29.55, 29.985)	[25, 29.55)	[0, 25)

表 6-3　支撑失稳警兆指标预警诊断标准模型

警兆	警度	支撑内力	围护墙内力	立柱内力	锚杆内力	立柱竖向位移/毫米	深沉水平位移/毫米	围护墙（边坡）顶部竖向位移/毫米	围护墙（边坡）顶部水平位移/毫米
支撑失稳 (R^2)	重警 (I_1)	(69.9770]%f_2				(34.97, 35]	(49.97, 50]	(19.97, 20]	(29.985, 30]
	中警 (I_2)	[69.1, 69.97)%f_2				[34.1, 34.97)	[49.1, 49.97)	[19.1, 19.97)	[29.55, 29.985)
	轻警 (I_3)	[60, 69.1)%f_2				[25, 34.1)	[40, 49.1)	[10, 19.1)	[25, 29.55)
	无警 (I_4)	[0, 60)%f_2				[0, 25)	[0, 40)	[0, 10)	[0, 25)

表 6-4　承压水突涌警兆指标预警诊断标准模型

警兆	警兆指标	警度			
		重警（I_1）	中警（I_2）	轻警（I_3）	无警（I_4）
承压水突涌（R^3）	土压力	(69.97，70]%f_1	[69.1，69.97)%f_1	[60，69.1)%f_1	[0，60)%f_1
	地下水位变化/毫米	(997，1 000]	[910，997)	(0，910)	[0]
	围护墙（边坡）顶部竖向位移/毫米	(29.985，30]	[29.55，29.985)	[25，29.55)	[0，25)

表 6-5　坑底隆起警兆指标预警诊断标准模型（单位：毫米）

警兆	警度	坑底隆起（回弹）
坑底隆起（R^4）	无警（I_4）	[0，25)
	轻警（I_3）	[25，34.1)
	中警（I_2）	[34.1，34.97)
	重警（I_1）	(34.97，35]

表 6-6　周边建筑物倒塌预警诊断标准模型

警兆	警兆指标	警度			
		重警（I_1）	中警（I_2）	轻警（I_3）	无警（I_4）
周边建筑物倒塌（R^5）	土压力	(69.97，70]%f_1	[69.1,69.97)%f_1	[60，69.1)%f_1	[0，60)% f_1
	裂缝宽度/毫米	(2.995 5，3]	[2.865，2.995 5)	[1.5，2.865)	[0，1.5)
	邻近建筑位移/毫米	(59.85，60]	[55.5，59.85)	[10，55.5)	[0，10)

表 6-7　周边地表沉降警兆指标预警诊断标准模型（单位：毫米）

警兆	警兆指标	警度			
		重警（I_1）	中警（I_2）	轻警（I_3）	无警（I_4）
周边地表沉降（R^6）	裂缝宽度	(14.985，15]	[14.55，14.985)	[10，14.55)	[0，10)
	基坑周边地表竖向位移	(34.97，35]	[34.1，34.97)	[25，34.1)	[0，25)

表 6-8　地下管道错位、开裂警兆指标预警诊断标准模型（单位：毫米）

警兆	警兆指标	警度			
		无警（I_4）	轻警（I_3）	中警（I_2）	重警（I_1）
地下管道错位、开裂（R^7）	地下管线沉降变形	[0，10)	[10，19.1)	[19.1，19.97)	(19.97，20]

表 6-9　机械事故警兆指标预警诊断标准模型

警兆	警度	员工违规率	器具故障率
机械事故（R^8）	无警（I_4）	[0]	[0]
	轻警（I_3）	(0, 27.3%)	(0, 27.3%)
	中警（I_2）	[27.3%, 29.91%)	[27.3%, 29.91%)
	重警（I_1）	(29.91%, 30%]	(29.91%, 30%]

表 6-10　模板体系失稳警兆指标预警诊断标准模型

警兆	警度	员工违规率	器具故障率
模板体系失稳（R^9）	无警（I_4）	[0]	[0]
	轻警（I_3）	(0, 27.3%)	(0, 27.3%)
	中警（I_2）	[27.3%, 29.91%)	[27.3%, 29.91%)
	重警（I_1）	(29.91%, 30%]	(29.91%, 30%]

表 6-11　脚手架体系失稳警兆指标预警诊断标准模型

警兆	警度	员工违规率	器具故障率
脚手架体系失稳（R^{10}）	无警（I_4）	[0]	[0]
	轻警（I_3）	(0, 27.3%)	(0, 27.3%)
	中警（I_2）	[27.3%, 29.91%)	[27.3%, 29.91%)
	重警（I_1）	(29.91%, 30%]	(29.91%, 30%]

6.3.2　地铁施工灾害警情现状物元模型

在目前历史数据有限的情况下，需要大量的数据验证创新性研究——各类事故的可控度判断、可控度的等级划分。数据的来源是利用蒙特卡洛模拟随机生成，然后对随机生成的数据进行数据分析，形成警情现状物元模型，最后确定可控度。

蒙特卡洛模拟被称为统计试验法，顾名思义可知蒙特卡洛模拟方法是主要用来解决概率统计或随机数值的方法，经常被用来解决非确定性问题。因此运用蒙特卡洛模拟方法需重点关注随机数据的生成和与此有关的处理。该可拓诊断模型随机数据是利用 Excel 中的 RAND 函数所得到的。

由于 RAND（）函数本身不存在自变量，所以括号内不需要标注其他内容，利用 RAND 函数可以在 Excel 表格中的任何单元格生成随机数据。只要修改任何一个单元格的数据，包含 RAND（）函数的数据都会随之而发生相应改变，只有在自动重算特性受到抑制时例外。蒙特卡洛模拟方法的实现过程如下。

（1）利用 Excel 中的 RAND 函数来随机生成数据，选择（0，1）范围内的 100 个数据作为研究数据。

（2）选取几个研究事故对应的警兆监测指标的指标阈，再计算随机生成的数据，将其变换到指标阈值内，最终成为警情现状的指标值。

（3）计算警度及可控度，根据可控诊断的原则。

（4）将计算结果进行整理分析后，得到各类警兆监测指标的警度和可控度等级。

（5）拟合分析，将模拟的结果与专家调查的结果进行拟合分析，对模拟结果进行验证、修正。

由于地铁施工灾害警兆监测指标太多，为了验证本研究设计合理性，只针对地墙渗漏警兆监测指标进行模拟分析。针对围护墙（边坡）顶部水平位移这个指标的计算，是利用随机生成的随机数进行 $5\times N_1+25$ 计算，其中 N_1 为随机生成的数，对所有产生的随机数都进行运算，最终能获得 100 个指标值；依据上述原来第二个指标也按照类似计算过程进行运算，标围护墙（边坡）顶部竖向位移这个指标利用随机数 N_2 进行 $10\times N_2+10$ 数学运算；第三个警兆监测指标深层水平位移，利用随机数 N_3 进行 $10\times N_3+40$ 数学运算；对第四个指标孔隙水压力，使用随机数 N_4 进行 $0.1\times N_4+0.6$ 数学运算；针对第五个指标地下水位变化，使用随机数 N_5 进行 $1\,000\times N_5$ 数学运算，其中这五个指标最终分别能获得 100 个指标值。将最终的计算结果整理汇总如表 6-12 所示。

表 6-12　地墙渗漏的各指标随机函数指标值

指标一随机数	$5\times N_1$ +25	指标二随机数	$10\times N_2$ +10	指标三随机数	$10\times N_3$ +40	指标四随机数	$0.1\times N_4$ +0.6	指标五随机数	$1\,000\times N_5$
0.421 192	27.105 920	0.361 130	13.611 290	0.635 670	46.356 690	0.738 950	0.673 894	0.328 570	328.564 3
0.270 150	26.350 720	0.781 069	17.810 710	0.595 896	45.958 970	0.463 200	0.646 321	0.460 588	460.587 3
0.015 540	25.077 700	0.407 016	14.070 160	0.044 491	40.444 910	0.910 200	0.691 020	0.573 307	573.306 5
0.766 058	28.830 290	0.021 544	10.215 440	0.471 423	44.714 230	0.216 830	0.621 683	0.602 110	602.110 0
0.619 910	28.099 550	0.827 393	18.273 930	0.337 810	43.378 100	0.821 240	0.682 124	0.123 464	123.463 9
0.778 520	28.892 600	0.270 486	12.704 860	0.568 528	45.685 280	0.087 990	0.608 799	0.242 891	242.890 8
0.813 623	29.068 110	0.976 276	19.762 760	0.486 783	44.867 830	0.716 790	0.671 679	0.714 468	714.468 1
0.843 557	29.217 790	0.706 856	17.068 560	0.821 656	48.216 560	0.651 560	0.665 156	0.707 564	707.564 3

续表

指标一随机数	$5 \times N_1$ +25	指标二随机数	$10 \times N_2$ +10	指标三随机数	$10 \times N_3$ +40	指标四随机数	$0.1 \times N_4$ +0.6	指标五随机数	$1000 \times N_5$
0.372 714	26.863 570	0.920 506	19.205 060	0.736 604	47.366 040	0.269 930	0.626 993	0.846 515	846.515 0
0.391 415	26.957 070	0.166 091	11.660 910	0.153 829	41.538 290	0.496 820	0.649 682	0.197 899	197.898 6
0.187 127	25.935 63	0.124 322	11.243 22	0.798 457	47.984 57	0.423 460	0.642 346	0.452 374	452.374 0
0.956 486	29.782 430	0.292 753	12.927 530	0.264 453	42.644 530	0.996 840	0.699 684	0.958 451	958.451 2
0.426 13	27.130 650	0.002 906	10.029 060	0.215 338	42.153 380	0.616 310	0.661 631	0.800 828	800.827 6
0.658 161	28.290 810	0.268 354	12.683 540	0.120 465	41.204 650	0.561 080	0.656 108	0.442 602	442.602 3
0.937 508	29.687 540	0.154 991	11.549 910	0.024 133	40.241 330	0.776 690	0.677 669	0.258 455	258.454 7
0.660 583	28.302 910	0.179 186	11.791 860	0.172 205	41.722 050	0.205 880	0.620 588	0.833 511	833.511 0
0.842 784	29.213 920	0.027 490	10.274 900	0.468 895	44.688 950	0.753 520	0.675 352	0.552 924	552.923 6
0.678 025	28.390 120	0.906 515	19.065 150	0.266 338	42.663 380	0.019 840	0.601 983	0.471 242	471.242 2
0.948 514	29.742 570	0.503 969	15.039 690	0.656 332	46.563 320	0.326 620	0.632 662	0.016 683	16.682 9
0.101 961	25.509 810	0.294 031	12.940 310	0.830 644	48.306 440	0.973 040	0.697 305	0.467 077	467.076 8
0.533 064	27.665 320	0.191 824	11.918 240	0.206 000	42.060 000	0.014 100	0.601 410	0.174 406	174.405 7
0.640 693	28.203 470	0.733 059	17.330 590	0.658 096	46.580 960	0.794 800	0.679 480	0.494 282	494.281 8
0.812 972	29.064 870	0.263 573	12.635 730	0.377 697	43.776 970	0.761 580	0.676 158	0.567 501	567.500 8
0.212 934	26.064 670	0.446 216	14.462 160	0.464 693	44.646 930	0.240 020	0.624 002	0.803 216	803.216 5
0.333 073	26.665 360	0.934 627	19.346 270	0.943 721	49.437 210	0.021 520	0.602 152	0.042 728	42.728 0
0.767 729	28.838 640	0.198 964	11.989 640	0.407 865	44.078 650	0.834 550	0.683 455	0.994 331	994.331 5
0.916 248	29.581 240	0.955 235	19.552 350	0.356 976	43.569 760	0.377 340	0.637 734	0.027 951	27.951 4
0.968 282	29.841 410	0.023 690	10.236 900	0.077 734	40.777 340	0.607 600	0.660 760	0.542 580	542.579 9
0.993 665	29.968 330	0.232 251	12.322 510	0.318 589	43.185 890	0.171 700	0.617 170	0.021 879	21.879 3
0.902 551	29.512 760	0.844 751	18.447 510	0.471 289	44.712 890	0.468 210	0.646 821	0.727 290	727.289 8
0.047 371	25.236 860	0.949 656	19.496 560	0.103 539	41.035 390	0.328 150	0.632 815	0.003 432	3.431 6
0.957 566	29.787 830	0.351 873	13.518 730	0.776 564	47.765 640	0.233 700	0.623 370	0.071 490	71.490 0
0.547 599	27.737 990	0.051 147	10.511 470	0.493 536	44.935 360	0.522 290	0.652 229	0.000 931	0.930 6
0.300 744	26.503 720	0.531 907	15.319 070	0.677 611	46.776 110	0.783 070	0.678 307	0.637 058	637.058 4
0.082 773	25.413 860	0.126 239	11.262 390	0.526 926	45.269 260	0.335 270	0.633 527	0.221 020	221.019 8
0.635 94	28.179 700	0.189 845	11.898 450	0.873 006	48.730 060	0.786 640	0.678 664	0.522 698	522.697 7
0.074 125	25.370 630	0.763 992	17.639 920	0.333 369	43.333 690	0.643 040	0.664 304	0.917 649	917.649 4

指标一随机数	$5 \times N_1$ +25	指标二随机数	$10 \times N_2$ +10	指标三随机数	$10 \times N_3$ +40	指标四随机数	$0.1 \times N_4$ +0.6	指标五随机数	$1\,000 \times N_5$
0.356 861	26.784 300	0.161 753	11.617 530	0.343 544	43.435 440	0.905 000	0.690 500	0.757 243	757.242 7
0.849 305	29.246 530	0.321 945	13.219 450	0.898 277	48.982 770	0.372 370	0.637 237	0.893 011	893.011 2
0.724 094	28.620 470	0.841 680	18.416 800	0.126 207	41.262 070	0.373 290	0.637 329	0.552 322	552.322 3
0.757 69	28.788 440	0.798 960	17.989 600	0.980 555	49.805 550	0.245 640	0.624 564	0.811 965	811.964 6
0.373 012	26.865 060	0.274 453	12.744 530	0.817 143	48.171 430	0.470 100	0.647 010	0.645 448	645.448 5
0.587 517	27.937 580	0.474 325	14.743 250	0.011 456	40.114 560	0.558 760	0.655 876	0.287 627	287.627 4
0.569 338	27.846 700	0.772 054	17.720 540	0.053 635	40.536 350	0.533 300	0.653 330	0.348 095	348.094 9
0.927 346	29.636 730	0.789 600	17.896 000	0.149 005	41.490 050	0.231 370	0.623 137	0.544 121	544.120 8
0.566 633	27.833 160	0.249 998	12.499 980	0.654 298	46.542 980	0.782 760	0.678 276	0.273 877	273.876 7
0.919 931	29.599 660	0.694 249	16.942 490	0.334 728	43.347 280	0.147 990	0.614 799	0.938 250	938.249 9
0.586 192	27.930 960	0.795 616	17.956 160	0.612 367	46.123 670	0.212 650	0.621 265	0.560 511	560.510 6
0.829 242	29.146 200	0.785 395	17.853 950	0.131 099	41.310 990	0.343 030	0.634 303	0.236 265	236.264 8
0.312 753	26.563 770	0.237 120	12.371 200	0.804 375	48.043 750	0.248 010	0.624 802	0.462 538	462.538 0
0.732 795	28.663 980	0.766 593	17.665 930	0.795 440	47.954 400	0.312 310	0.631 232	0.297 070	297.069 9
0.750 113	28.750 570	0.022 192	10.221 920	0.716 011	47.160 110	0.334 990	0.633 499	0.812 441	812.441 2
0.561 701	27.808 510	0.358 233	13.582 330	0.254 565	42.545 650	0.997 590	0.699 759	0.153 545	153.544 6
0.024 883	25.124 410	0.604 749	16.047 490	0.475 889	44.758 890	0.802 830	0.680 283	0.984 621	984.621 5
0.733 583	28.667 910	0.299 139	12.991 390	0.083 851	40.838 510	0.292 270	0.629 227	0.705 375	705.374 6
0.231 899	26.159 490	0.127 039	11.270 390	0.415 980	44.159 800	0.029 780	0.602 978	0.583 978	583.978 4
0.402 603	27.013 010	0.972 744	19.727 440	0.317 782	43.177 820	0.344 330	0.634 433	0.186 923	186.922 9
0.601 07	28.005 350	0.389 775	13.897 750	0.930 836	49.308 360	0.218 810	0.621 881	0.617 031	617.031 2
0.174 809	25.874 040	0.207 663	12.076 630	0.369 015	43.690 150	0.823 100	0.682 310	0.926 129	926.128 6
0.064 534	25.322 670	0.510 833	15.108 330	0.346 044	43.460 440	0.629 480	0.662 948	0.946 374	946.373 6
0.676 068	28.380 340	0.319 457	13.194 570	0.919 708	49.197 080	0.930 950	0.693 095	0.795 834	795.833 6
0.750 629	28.753 150	0.168 337	11.683 370	0.999 933	49.999 330	0.182 600	0.618 260	0.346 719	346.718 9
0.033 219	25.166 100	0.707 087	17.070 870	0.808 498	48.084 980	0.084 550	0.608 455	0.700 452	700.451 8
0.212 323	26.061 620	0.214 612	12.146 120	0.287 439	42.874 390	0.496 290	0.649 629	0.814 626	814.625 6
0.733 785	28.668 930	0.189 117	11.891 170	0.233 183	42.331 830	0.173 420	0.617 343	0.199 175	199.175 1
0.991 271	29.956 360	0.673 372	16.733 720	0.269 329	42.693 290	0.455 680	0.645 568	0.909 669	909.669 5

续表

指标一随机数	$5 \times N_1$ $+25$	指标二随机数	$10 \times N_2$ $+10$	指标三随机数	$10 \times N_3$ $+40$	指标四随机数	$0.1 \times N_4$ $+0.6$	指标五随机数	$1\,000 \times N_5$
0.109 571	25.547 850	0.306 710	13.067 100	0.631 370	46.313 700	0.022 550	0.602 255	0.578 442	578.442 4
0.055 800	25.279 000	0.966 796	19.667 960	0.303 777	43.037 770	0.834 840	0.683 484	0.533 257	533.256 9
0.998 931	29.994 660	0.340 015	13.400 150	0.514 756	45.147 560	0.244 710	0.624 471	0.031 207	31.206 7
0.998 567	29.992 840	0.021 469	10.214 690	0.645 859	46.458 590	0.948 720	0.694 872	0.417 936	417.936 2
0.469 161	27.345 800	0.743 422	17.434 220	0.762 000	47.620 000	0.510 830	0.651 083	0.184 791	184.790 9
0.159 908	25.799 540	0.259 563	12.595 630	0.255 220	42.552 200	0.154 610	0.615 461	0.619 519	619.518 6
0.764 280	28.821 400	0.655 851	16.558 510	0.748 752	47.487 520	0.664 490	0.666 449	0.936 865	936.865 2
0.579 038	27.895 190	0.838 450	18.384 500	0.535 289	45.352 890	0.792 560	0.679 255	0.986 207	986.206 5
0.512 204	27.561 020	0.330 447	13.304 470	0.029 334	40.293 340	0.360 210	0.636 021	0.752 004	752.004 4
0.375 473	26.877 370	0.307 129	13.071 290	0.050 395	40.503 950	0.846 730	0.684 673	0.885 035	885.035 3
0.063 181	25.315 900	0.214 043	12.140 430	0.803 418	48.034 180	0.754 340	0.675 434	0.040 040	40.040 1
0.968 996	29.844 980	0.160 104	11.601 040	0.775 329	47.753 290	0.038 020	0.603 802	0.769 720	769.720 0
0.808 366	29.041 830	0.230 427	12.304 270	0.503 061	45.030 610	0.674 950	0.667 495	0.369 067	369.066 8
0.315 932	26.579 660	0.487 527	14.875 270	0.787 357	47.873 570	0.303 350	0.630 335	0.780 230	780.230 4
0.157 39	25.786 950	0.979 320	19.793 200	0.699 201	46.992 010	0.509 730	0.650 973	0.842 084	842.084 1
0.681 242	28.406 210	0.661 364	16.613 640	0.547 345	45.473 450	0.537 500	0.653 750	0.780 824	780.823 8
0.893 619	29.468 100	0.324 157	13.241 570	0.957 462	49.574 620	0.980 270	0.698 027	0.468 688	468.688 1
0.804 653	29.023 270	0.519 466	15.194 660	0.801 366	48.013 660	0.434 000	0.643 400	0.485 428	485.427 5
0.496 636	27.483 180	0.623 322	16.233 220	0.767 472	47.674 720	0.882 290	0.688 229	0.310 032	310.031 7
0.909 326	29.546 630	0.883 179	18.831 790	0.043 717	40.437 170	0.228 870	0.622 887	0.185 789	185.788 9
0.226 346	26.131 730	0.108 993	11.089 930	0.769 894	47.698 940	0.450 490	0.645 049	0.262 820	262.820 1
0.158 483	25.792 410	0.900 650	19.006 500	0.425 289	44.252 890	0.590 610	0.659 061	0.647 025	647.025 3
0.384 223	26.921 110	0.739 438	17.394 380	0.943 650	49.436 500	0.012 530	0.601 253	0.129 266	129.265 6
0.273 940	26.369 690	0.730 596	17.305 960	0.095 292	40.952 920	0.733 610	0.673 361	0.521 773	521.773 0
0.799 197	28.995 980	0.065 126	10.651 260	0.482 706	44.827 060	0.760 880	0.676 088	0.533 811	533.811 1
0.396 744	26.983 720	0.370 825	13.708 250	0.676 188	46.761 880	0.576 990	0.657 700	0.743 004	743.004 3
0.148 118	25.740 590	0.215 982	12.159 820	0.706 547	47.065 470	0.480 740	0.648 074	0.432 278	432.277 6
0.952 628	29.763 140	0.505 700	15.057 000	0.718 071	47.180 710	0.321 880	0.632 188	0.334 741	334.741 5
0.803 106	29.015 530	0.684 749	16.847 490	0.629 043	46.290 430	0.233 560	0.623 356	0.967 928	967.928

续表

指标一随机数	5×N_1+25	指标二随机数	10×N_2+10	指标三随机数	10×N_3+40	指标四随机数	0.1×N_4+0.6	指标五随机数	1 000×N_5
0.232 208	26.161 040	0.561 614	15.616 140	0.208 040	42.080 400	0.093 440	0.609 344	0.117 213	117.212 9
0.053 879	25.269 400	0.240 948	12.409 480	0.488 592	44.885 920	0.935 580	0.693 558	0.812 805	812.805 0
0.169 458	25.847 290	0.986 434	19.864 340	0.313 056	43.130 560	0.751 970	0.675 197	0.347 091	347.091 2
0.308 167	26.540 830	0.540 066	15.400 660	0.432 172	44.321 720	0.920 740	0.692 074	0.575 662	575.662 2
0.560 45	27.802 300	0.075 840	10.758 390	0.688 115	46.881 140	0.322 600	0.632 259	0.469 570	469.568 9

　　通过对 100 个针对地墙渗漏警兆的模拟警情分析，我们可获得 100 个针对地墙渗漏警兆的警情现状物元模型，分别为

$$\mathop{R}\limits_{\sim}{}_1^{t1} = \begin{bmatrix} 警度 & 围护墙（边坡）顶部水平位移 & 27.105\ 92 \\ & 围护墙（边坡）顶部竖向位移 & 13.611\ 29 \\ & 深层水平位移 & 46.356\ 69 \\ & 孔隙水压力 & 0.673\ 894f_1 \\ & 地下水变化 & 328.564\ 3 \end{bmatrix}$$

$$\mathop{R}\limits_{\sim}{}_2^{t1} = \begin{bmatrix} 警度 & 围护墙（边坡）顶部水平位移 & 26.350\ 72 \\ & 围护墙（边坡）顶部竖向位移 & 17.810\ 71 \\ & 深层水平位移 & 45.958\ 97 \\ & 孔隙水压力 & 0.646\ 321f_1 \\ & 地下水变化 & 460.587\ 3 \end{bmatrix}$$

$$\vdots$$

$$\mathop{R}\limits_{\sim}{}_{100}^{t1} = \begin{bmatrix} 警度 & 围护墙（边坡）顶部水平位移 & 27.802\ 3 \\ & 围护墙（边坡）顶部竖向位移 & 10.758\ 39 \\ & 深层水平位移 & 46.881\ 14 \\ & 孔隙水压力 & 0.632\ 259f_1 \\ & 地下水变化 & 469.568\ 9 \end{bmatrix}$$

其中，$R_{100\%}^{t1}$ 表示在第一类警兆的对应的第 100 个警情现状物元模型。

　　而其他的警情现状物元模型的生产方式和以上几个式子类似，总共对 10 组不同的警兆监测指标进行计算，能获得 1 000 个警情现状物元模型。

6.4　地铁施工灾害事故的可拓诊断

6.4.1　关联函数值的计算

针对 6.3.2 小节已经计算出的结果，得到各类事故的警情现状模型和警兆监测指标的物元模型，最终将关联函数值的计算带入式（6-2）～式（6-5）中针对地墙渗漏这个（警兆监测指标），根据其（警兆监测指标）物元模型可得

$$R_1^1 = \begin{bmatrix} \text{重警} & \text{围护墙（边坡）顶部水平位移} & (29.985,\ 30] \\ & \text{围护墙（边坡）顶部竖向位移} & (19.97,\ 20] \\ & \text{深层水平位移} & (49.97,\ 50] \\ & \text{孔隙水压力} & (69.97\%f_1,\ 70\%f_1] \\ & \text{地下水变化} & (997,\ 1\,000] \end{bmatrix}$$

$$R_2^1 = \begin{bmatrix} \text{中警} & \text{围护墙（边坡）顶部水平位移} & [29.55,\ 29.985) \\ & \text{围护墙（边坡）顶部竖向位移} & [19.1,\ 19.97) \\ & \text{深层水平位移} & [49.1,\ 49.97) \\ & \text{孔隙水压力} & [69.1\%f_1,\ 69.97\%f_1) \\ & \text{地下水变化} & [910,\ 997) \end{bmatrix}$$

$$R_3^1 = \begin{bmatrix} \text{轻警} & \text{围护墙（边坡）顶部水平位移} & [25,\ 29.55) \\ & \text{围护墙（边坡）顶部竖向位移} & [10,\ 19.1) \\ & \text{深层水平位移} & [40,\ 49.1) \\ & \text{孔隙水压力} & [60\%f_1,\ 69.1\%f_1) \\ & \text{地下水变化} & (0,\ 910) \end{bmatrix}$$

$$R_4^1 = \begin{bmatrix} \text{无警} & \text{围护墙（边坡）顶部水平位移} & [0,\ 25) \\ & \text{围护墙（边坡）顶部竖向位移} & [0,\ 10) \\ & \text{深层水平位移} & [0,\ 40) \\ & \text{孔隙水压力} & [0,\ 60\%f_1) \\ & \text{地下水变化} & [0] \end{bmatrix}$$

可知，其经典域为

$V_{11}{}^1 = (29.985,\ 30]$，$V_{12}{}^1 = (19.97,\ 20]$，$V_{13}{}^1 = (49.97,\ 50]$，$V_{14}{}^1 = (0.699\,7,\ 0.7]$，$V_{15}{}^1 = (997,\ 1\,000]$；$V_{21}{}^1 = [29.55,\ 29.985)$，$V_{22}{}^1 = [19.1,\ 19.97)$，$V_{23}{}^1 = [49.1,\ 49.97)$，$V_{24}{}^1 = [0.691,\ 0.699\,7)$，$V_{25}{}^1 = [910,\ 997)$；$V_{31}{}^1 = [25,\ 29.55)$，$V_{32}{}^1 = [10,\ 19.1)$，$V_{33}{}^1 = [40,\ 49.1)$，$V_{34}{}^1 = [0.6,\ 0.691)$，$V_{35}{}^1 = (0,\ 910)$；$V_{41}{}^1 = [0,\ 25)$，$V_{42}{}^1 = [0,\ 10)$，

$V_{43}{}^1 = [0, 40)$，$V_{44}^1 = [0, 0.6)$，$V_{45}^1 = [0]$。

根据经典域确定的节域为 $V_{11}{}^1 = [0, 30]$，$V_{12}{}^1 = [0, 20]$，$V_{13}{}^1 = [0, 50]$，$V_{14}{}^1 = [0, 0.7]$，$V_{15}{}^1 = [0, 1000]$，警情现状物元模型如下：

$$R_{\underset{\sim}{1}}^{t1} = \begin{bmatrix} 警度 & 围护墙（边坡）顶部水平位移 & 27.10592 \\ & 围护墙（边坡）顶部竖向位移 & 13.61129 \\ & 深层水平位移 & 46.35669 \\ & 孔隙水压力 & 0.673894 \\ & 地下水变化 & 328.5643 \end{bmatrix}$$

带入式（6-2）～式（6-5），可计算出关联函数值为

$U_{11}{}^1 = -0.50$，$U_{12}{}^1 = -0.50$，$U_{13}{}^1 = -0.50$，$U_{14}{}^1 = -0.50$，$U_{15}{}^1 = -0.72$；

$U_{21}{}^1 = -0.50$，$U_{22}{}^1 = -0.50$，$U_{23}{}^1 = -0.40$，$U_{24}{}^1 = -0.40$，$U_{25}{}^1 = -0.61$；

$U_{31}{}^1 = 0.40$，$U_{32}{}^1 = 0.30$，$U_{33}{}^1 = 0.30$，$U_{34}{}^1 = 0.2$，$U_{35}{}^1 = 0.40$；

$U_{41}{}^1 = -0.40$，$U_{42}{}^1 = -0.40$，$U_{43}{}^1 = -0.61$，$U_{44}{}^1 = -0.72$，$U_{45}{}^1 = -0.50$

根据上述同样的计算原理，将剩下的 99 个警情现状物元模型进行精确的计算，最终获得结果如表 6-13 所示。

其他警兆的关联函数值计算方法同上，最终获得 10 个同表 6-13 相似的关联函数值计算结果表，从而进行下一步的计算。

6.4.2 确定警兆监测指标权重

基于第 5 章选取的警兆监测指标（如前文中的表 5-11），根据地铁的实际情况，分别就地墙渗漏警兆、支撑失稳警兆、承压水突涌警兆、周边建筑物倒塌警兆、周边地表沉降警兆和机械事故警兆等警兆的监测指标，进行警兆监测指标权重的专家问卷调查，该专家问卷调查采用 0-4 法，两两比较指标的重要程度，即 F_i 和 F_j 比较（F_i 和 F_j 分别为第 i 个警兆监测指标和第 j 个警兆监测指标），F_i 绝对重要得 4 分，对方得 0 分；F_i 较重要得 3 分，对方得 1 分；同等重要都得 2 分。然后对各个警兆监测指标的得分进行汇总和归一化处理，具体得分情况如表 6-14～表 6-21 所示。

表 6-13　针对地墙渗漏警兆的关联函数数值计算结果

序号	U_{11}^1	U_{12}^1	U_{13}^1	U_{14}^1	U_{15}^1	U_{21}^1	U_{22}^1	U_{23}^1	U_{24}^1	U_{25}^1	U_{31}^1	U_{32}^1	U_{33}^1	U_{34}^1	U_{35}^1	U_{41}^1	U_{42}^1	U_{43}^1	U_{44}^1	U_{45}^1
1	−0.50	−0.50	−0.50	−0.50	−0.72	−0.50	−0.50	−0.40	−0.40	−0.61	0.40	0.30	0.30	0.20	0.40	−0.40	−0.40	−0.61	−0.72	−0.50
2	−0.50	−0.50	−0.50	−0.50	−0.50	−0.50	−0.40	−0.40	−0.50	−0.50	0.20	0.10	0.30	0.40	0.50	−0.30	−0.83	−0.61	−0.50	−0.50
3	−0.50	−0.50	−0.50	−0.50	−0.50	−0.50	−0.50	−0.20	−0.50	−0.40	0.30	0.20	0.00	0.40	0.40	−0.40	−0.20	−0.91	−0.40	−0.50
4	−0.50	−0.50	−0.50	−0.50	−1.00	−0.50	−0.30	−0.40	−0.30	−1.00	0.40	0.10	0.20	0.10	0.00	−0.40	−0.94	−0.72	−0.83	−0.50
5	0.00	0.10	−0.50	−0.50	−0.50	0.00	−0.94	0.30	0.40	0.00	−1.00	−1.00	−0.61	−0.40	0.00	−1.00	−1.00	−1.00	−0.94	−0.94
6	−0.50	−0.50	−0.50	−0.50	−0.83	−0.40	−0.50	−0.40	−0.40	−0.83	0.20	0.30	0.20	0.10	0.20	−0.72	−0.40	−0.72	−0.83	−0.50
7	−0.50	−0.50	−0.50	−0.50	−0.50	−0.40	−0.50	−0.40	−0.40	−0.40	0.20	0.10	0.40	0.30	0.20	−0.72	−0.20	−0.50	−0.61	−0.72
8	−0.50	−0.50	−0.50	−0.50	−0.50	−0.50	−0.50	−0.50	0.10	−0.40	0.40	0.00	0.20	−0.20	0.20	−0.40	0.00	−0.30	−0.94	−0.83
9	−0.50	−0.50	−0.50	−0.50	−0.83	−0.40	−0.50	−0.40	−0.50	−0.83	0.40	0.30	0.30	0.10	0.20	−0.50	−0.40	−0.61	−0.83	−0.50
10	−0.50	−0.50	−0.50	−0.50	−0.60	−0.10	−0.50	−0.20	−0.50	−0.61	0.00	0.30	0.00	0.10	0.40	−0.94	−0.30	−0.94	−0.10	−0.50
11	−0.50	−0.50	−0.50	−0.50	−0.50	−0.40	−0.50	−0.40	−0.40	−0.40	0.10	0.10	0.40	0.20	0.30	−0.83	−0.10	−0.50	−0.72	−0.61
12	−0.50	−0.50	−0.50	−0.50	−0.50	−0.50	−0.40	−0.50	−0.50	−0.40	0.20	0.10	0.00	0.30	0.40	−0.30	−0.83	0.00	−0.40	−0.50
13	−0.50	−0.50	−0.50	−0.50	−0.50	0.10	0.10	−0.10	0.10	0.00	−0.20	−0.94	−1.00	−0.20	−0.10	−0.94	−1.00	−1.00	−0.94	−0.94
14	−0.50	−0.50	−0.50	−0.50	−0.50	−0.30	−0.50	−0.50	−0.50	−0.40	0.00	0.30	0.40	0.40	0.30	−0.94	−0.30	−0.94	−0.50	−0.61
15	−0.50	−0.50	−0.50	−0.50	−0.50	0.40	−0.50	−0.50	−0.50	−0.83	−0.40	0.20	0.00	0.20	0.40	−0.94	−0.20	−0.10	−0.10	−0.50
16	−0.50	−0.50	−0.50	−0.50	−0.83	0.30	−0.40	−0.50	−0.50	−0.80	−0.60	0.10	0.30	0.40	0.20	−1.00	−0.83	−0.30	−0.40	−0.50
17	−0.50	−0.50	−0.50	−0.50	−0.83	−0.40	−0.50	−0.50	−0.50		0.30	0.20	0.10	0.00	0.20	−0.61	−0.30	−0.20	0.00	−0.50
18	−0.50	−0.50	−0.50	−0.50	−0.94	−0.40	−0.50	−0.50	−0.50	−0.83	0.10	0.20	0.40	0.10	0.20	−0.83	−0.20	−0.40	−0.20	−0.50

续表

序号	U_{11}^1	U_{12}^1	U_{13}^1	U_{14}^1	U_{15}^1	U_{21}^1	U_{22}^1	U_{23}^1	U_{24}^1	U_{25}^1	U_{31}^1	U_{32}^1	U_{33}^1	U_{34}^1	U_{35}^1	U_{41}^1	U_{42}^1	U_{43}^1	U_{44}^1	U_{45}^1
19	-0.50	-0.50	-0.50	-0.50	-0.94	-0.40	-0.50	-0.50	-0.50	-0.83	0.10	0.00	0.40	0.20	0.20	-0.83	-0.10	-0.40	-0.30	-0.50
20	-0.50	-0.50	-0.50	-0.50	-0.50	-0.50	-0.40	-0.20	-0.50	-0.40	0.00	0.20	0.00	0.20	0.20	-0.10	-0.72	-0.94	-0.30	-0.72
21	-0.50	-0.50	-0.50	-0.50	-0.72	-0.40	-0.50	-0.50	-0.50	-0.72	0.20	0.20	0.10	0.50	0.30	-0.72	-0.30	-0.10	-0.50	-0.50
22	-0.50	-0.50	-0.50	-0.50	-0.72	-0.50	-0.30	-0.50	-0.40	-0.72	0.00	0.10	0.20	0.20	0.30	-0.10	-0.83	-0.30	-0.72	-0.50
23	-0.50	-0.50	-0.50	-0.50	-0.83	-0.50	-0.50	-0.40	-0.50	-0.83	0.20	0.10	0.30	0.10	0.20	-0.30	-0.20	-0.61	-0.10	-0.50
24	-0.50	-0.50	-0.50	-0.50	-0.83	-0.10	-0.40	-0.50	-0.40	-0.83	0.00	0.40	0.20	0.40	0.20	-0.94	-0.61	-0.30	-0.50	-0.50
25	-0.50	-0.50	-0.50	-0.50	-0.72	0.20	-0.40	-0.40	-0.40	-0.72	-0.30	0.10	0.20	0.20	0.30	-0.94	-0.83	-0.83	-0.72	-0.50
26	0.30	0.10	-0.50	-0.30	0.00	-0.40	-0.94	-0.50	0.00	-0.10	-1.00	-1.00	-1.00	-0.94	-1.00	-1.00	-1.00	-1.00	-1.00	-1.00
27	-0.50	-0.50	-0.50	-0.50	-0.61	-0.40	-0.50	-0.30	-0.30	-0.50	0.10	0.10	0.10	0.00	0.50	-0.60	-0.10	-0.83	-0.94	-0.50
28	-0.50	-0.50	-0.50	-0.50	-0.94	-0.50	-0.40	0.50	-0.40	-0.94	0.30	0.30	-0.50	0.20	0.10	-0.40	-0.72	-1.00	-0.72	-0.50
29	-0.50	-0.50	-0.50	-0.50	-0.50	-0.40	-0.50	-0.40	-0.40	-0.50	0.20	0.10	0.30	0.20	0.40	-0.72	-0.20	-0.61	-0.72	-0.50
30	-0.50	-0.50	-0.50	-0.50	-0.50	-0.40	-0.40	0.00	-0.50	-0.40	0.30	0.40	0.00	0.10	0.30	-0.61	-0.61	-0.94	-0.10	-0.61
31	-0.50	-0.50	-0.50	-0.50	-0.72	-0.40	-0.50	-0.50	-0.50	-0.61	0.40	0.20	0.30	0.40	0.40	-0.50	-0.30	-0.40	-0.40	-0.50
32	-0.50	-0.50	-0.50	-0.50	-0.50	-0.40	-0.50	-0.40	-0.50	-0.50	0.20	0.20	0.30	0.00	0.40	-0.72	-0.10	-0.40	-0.10	-0.50
33	-0.50	-0.50	-0.50	-0.50	-0.94	-0.40	-0.50	-0.40	-0.50	-0.94	0.30	0.40	0.20	0.10	0.10	-0.60	-0.50	-0.72	-0.20	-0.50
34	-0.50	-0.50	-0.50	-0.50	-0.50	-0.40	-0.50	-0.40	-0.40	-0.40	0.40	0.10	0.40	0.30	0.40	-0.72	-0.20	-0.61	-0.30	-0.61
35	-0.50	-0.50	-0.50	-0.50	-0.61	-0.50	-0.40	-0.50	-0.50	-0.61	0.40	0.30	0.20	0.30	0.20	-0.40	-0.61	-0.30	-0.61	-0.72
36	-0.50	-0.50	-0.50	-0.50	-0.50	-0.50	-0.40	-0.40	-0.50	-0.50	0.40	0.10	0.40	0.30	0.40	-0.50	-0.83	-0.60	-0.40	-0.50
37	-0.50	-0.50	-0.50	-0.50	-0.61	-0.50	-0.30	-0.50	-0.50	-0.61	0.20	0.10	0.20	0.20	0.40	-0.20	-0.83	-0.30	-0.30	-0.50

续表

序号	U_{11}^1	U_{12}^1	U_{13}^1	U_{14}^1	U_{15}^1	U_{21}^1	U_{22}^1	U_{23}^1	U_{24}^1	U_{25}^1	U_{31}^1	U_{32}^1	U_{33}^1	U_{34}^1	U_{35}^1	U_{41}^1	U_{42}^1	U_{43}^1	U_{44}^1	U_{45}^1
38	-0.50	-0.50	-0.50	-0.50	-1.00	-0.40	-0.50	-0.20	-0.3	-1.00	0.40	0.40	0.00	0.10	0.00	-0.50	-0.50	-0.94	-0.83	-0.50
39	-0.50	-0.50	-0.50	-0.50	-0.60	-0.50	-0.50	-0.40	-0.50	-0.61	0.20	0.50	0.30	0.20	0.40	-0.30	-0.50	-0.61	-0.30	-0.50
40	-0.50	-0.50	-0.50	-0.50	-0.70	-0.30	-0.50	-0.50	-0.50	-0.61	0.10	0.30	0.40	0.10	0.40	-0.83	-0.40	-0.40	-0.10	-0.50
41	-0.50	-0.50	-0.50	-0.50	-0.50	-0.20	-0.30	-0.50	-0.40	0.30	0.00	0.10	0.30	0.20	-0.40	-0.94	-0.94	-0.30	-0.72	-0.94
42	-0.50	-0.50	-0.50	-0.50	-1.00	-0.50	-0.40	-0.50	-0.40	-0.30	0.20	0.10	0.00	0.30	0.10	-0.30	-0.10	0.00	-0.61	-0.83
43	-0.50	-0.50	-0.50	-0.50	-0.83	-0.50	-0.30	-0.40	-0.50	-1.00	0.20	0.30	0.30	0.40	0.00	-0.30	-0.61	-0.61	-0.40	-0.50
44	-0.50	-0.50	-0.50	-0.50	-0.83	-0.40	0.00	-0.50	-0.50	-0.83	0.20	0.10	0.20	0.00	0.20	-0.72	-0.94	-0.30	0.00	-0.50
45	-0.50	-0.50	-0.50	-0.50	-0.83	-0.40	-0.50	-0.40	-0.40	-0.72	0.40	0.10	0.10	0.00	0.50	-0.50	-0.10	-0.83	-0.20	-0.50
46	-0.50	-0.50	-0.50	-0.50	-0.50	-0.50	-0.40	0.50	-0.50	0.00	0.20	0.30	-0.50	0.00	0.00	-0.30	-0.61	-1.00	0.00	-0.94
47	-0.50	-0.50	-0.50	-0.50	-0.50	-0.40	0.00	-0.50	-0.50	-0.83	0.20	0.20	0.30	0.00	0.20	-0.72	-0.72	-0.40	0.00	-0.50
48	-0.50	-0.30	-0.50	-0.50	-0.50	0.30	-0.50	0.30	-0.50	0.10	-0.40	-0.94	-0.40	0.00	-0.10	-0.94	-1.00	-0.94	-0.10	-0.94
49	-0.50	-0.50	-0.50	-0.50	-0.94	-0.50	-0.50	-0.20	-0.40	-0.83	0.00	0.30	0.00	0.20	0.20	0.00	-0.40	-0.94	-0.72	-0.50
50	-0.50	-0.50	-0.50	-0.50	-0.72	-0.50	-0.50	-0.50	0.50	-0.61	0.40	0.40	0.20	-0.50	0.40	-0.40	-0.50	0.20	-1.00	-0.50
51	-0.50	-0.50	-0.50	-0.50	-0.50	-0.50	-0.40	-0.30	-0.50	-0.40	0.20	0.10	0.10	0.30	0.10	-0.20	-0.83	-0.83	-0.40	-0.83
52	-0.50	-0.50	-0.50	-0.50	-0.61	-0.50	-0.40	-0.10	-0.50	-0.30	0.40	0.30	0.10	0.10	0.50	-0.20	-0.61	-0.94	-0.10	-0.50
53	-0.50	-0.50	-0.50	-0.50	-0.50	-0.30	-0.40	-0.50	-0.50	-0.40	0.10	0.10	0.00	0.20	0.30	-0.83	-0.72	0.00	-0.20	-0.72
54	-0.50	-0.50	-0.50	-0.50	-0.50	-0.50	-0.50	-0.30	-0.50	-0.30	0.40	0.10	0.10	0.40	0.10	-0.10	-0.10	-0.83	-0.20	-0.83
55	-0.50	-0.50	-0.50	-0.50	-0.50	-0.50	-0.50	-0.50	-0.50	-0.40	0.20	0.30	0.10	0.20	0.30	-0.40	-0.40	-0.10	-0.30	-0.61
56	-0.50	-0.40	-0.50	-0.50	-0.61	-0.50	0.10	-0.50	-0.50	-0.61	0.20	-0.94	0.00	0.10	0.40	-0.20	-1.00	-0.10	-0.10	-0.50

续表

序号	U_{11}^1	U_{12}^1	U_{13}^1	U_{14}^1	U_{15}^1	U_{21}^1	U_{22}^1	U_{23}^1	U_{24}^1	U_{25}^1	U_{31}^1	U_{32}^1	U_{33}^1	U_{34}^1	U_{35}^1	U_{41}^1	U_{42}^1	U_{43}^1	U_{44}^1	U_{45}^1
57	-0.50	-0.50	-0.50	-0.50	-0.50	-0.50	-0.50	-0.50	-0.50	-0.40	0.20	0.40	0.10	0.10	0.40	-0.20	-0.50	-0.20	-0.20	-0.50
58	-0.50	-0.50	-0.50	-0.50	-0.50	-0.50	-0.50	-0.40	-0.40	-0.40	0.00	0.00	0.40	0.20	0.40	0.00	-0.10	-0.50	-0.72	-0.50
59	-0.50	-0.50	-0.50	-0.50	-0.50	-0.40	-0.50	-0.50	-0.50	-0.50	0.20	0.10	0.00	0.40	0.50	-0.72	-0.20	-0.10	-0.40	-0.50
60	-0.50	-0.50	-0.50	-0.50	-0.94	-0.40	-0.50	-0.50	-0.40	-0.94	0.10	0.40	0.00	0.30	0.10	-0.80	-0.50	0.00	-0.72	-0.50
61	-0.50	-0.50	-0.50	-0.50	-0.50	-0.40	-0.50	-0.50	-0.40	-0.50	0.10	0.10	0.10	0.10	0.40	-0.80	-0.10	-0.20	-0.83	-0.50
62	-0.50	-0.50	-0.50	-0.50	-0.50	0.20	0.30	0.30	0.10	0.00	-0.72	-0.72	-0.61	-0.10	-0.10	-1.00	-1.00	-1.00	-0.94	-0.94
63	-0.40	-0.50	-0.50	-0.50	-1.00	0.00	-0.40	-0.50	-0.50	-1.00	0.40	0.20	0.30	0.20	0.00	-0.94	-0.72	-0.40	-0.30	-0.50
64	-0.50	-0.50	-0.50	-0.50	-0.83	-0.50	-0.50	-0.50	-0.50	-0.83	0.20	0.20	0.10	0.00	0.20	-0.50	-0.30	-0.10	0.00	-0.50
65	-0.50	-0.50	-0.50	-0.50	-0.50	-0.40	-0.50	-0.10	-0.30	-0.20	0.20	0.40	0.00	0.00	0.00	-0.72	-0.40	-0.94	-0.83	-0.94
66	-0.50	-0.50	-0.50	-0.50	-0.50	-0.40	-0.50	-0.50	-0.50	-0.30	0.10	0.20	0.30	0.10	0.10	-0.83	-0.20	-0.30	-0.10	-0.83
67	-0.50	-0.50	-0.50	-0.50	-1.00	-0.50	-0.50	-0.40	-0.40	-1.00	0.10	0.10	0.40	0.10	0.00	-0.20	-0.20	-0.50	-0.83	-0.50
68	-0.50	-0.50	-0.50	-0.50	-0.50	-0.50	-0.30	-0.40	-0.50	-0.40	0.20	0.10	0.10	0.30	0.40	-0.20	-0.94	-0.83	-0.40	-0.50
69	-0.50	-0.50	-0.50	-0.50	-0.61	-0.40	-0.50	-0.50	-0.40	-0.61	0.10	0.00	0.00	0.30	0.40	-0.83	0.00	-0.72	-0.61	-0.50
70	-0.50	-0.50	-0.50	-0.50	-0.50	-0.50	-0.40	-0.40	-0.30	-0.40	0.00	0.30	0.00	0.20	0.30	0.00	-0.40	-0.72	-0.30	-0.61
71	-0.50	-0.50	-0.50	-0.50	-0.50	-0.50	-0.50	-0.40	-0.40	-0.40	0.20	0.30	0.20	0.10	0.20	-0.20	-0.61	-0.61	-0.83	-0.72
72	-0.50	-0.50	-0.50	-0.50	-0.50	-0.50	-0.40	-0.40	-0.50	-0.40	0.30	0.00	0.30	-0.61	0.30	-0.30	-0.10	-0.10	-1.00	-0.61
73	-0.50	-0.50	-0.50	-0.50	-0.50	-0.40	-0.50	-0.40	-0.50	-0.40	0.00	0.10	0.40	0.00	0.10	0.00	-0.83	-0.50	0.00	-0.83
74	-0.50	-0.50	-0.50	-0.50	-0.50	0.10	-0.50	-0.50	-0.50	0.00	0.40	0.40	0.10	0.20	0.00	-0.50	-0.40	-0.20	-0.30	-0.94
75	-0.50	-0.50	-0.50	-0.50	-0.50	-0.50	-0.50	-0.50	-0.50	-0.20	-0.20	0.00	0.00	0.40	0.00	-0.94	0.00	-0.10	-0.40	-0.94
76	-0.50	-0.50	-0.50	-0.50	-0.83	-0.50	-0.20	-0.50	-0.40	-0.83	0.50	0.00	0.10	0.20	0.20	-0.50	-0.94	-0.20	-0.72	-0.50
77	-0.50	-0.50	-0.50	-0.50	-0.83	-0.40	-0.40	-0.50	-0.20	-0.83	0.30	0.20	0.40	0.00	0.20	-0.61	-0.72	-0.40	-0.94	-0.50

表6-14　地墙渗漏警兆监测指标权重打分表

项目	围护墙（边坡）顶部水平位移	围护墙（边坡）顶部竖向位移	深层水平位移	孔隙水压力	地下水位变化	总分	归一化
围护墙（边坡）顶部水平位移	2	3	4	4	4	17	0.34
围护墙（边坡）顶部竖向位移	1	2	4	4	4	15	0.3
深层水平位移	0	0	2	3	3	8	0.16
孔隙水压力	0	0	1	2	2	5	0.1
地下水位变化	0	0	1	2	2	5	0.1

表6-15　支撑失稳警兆监测指标权重打分表

项目	围护墙（边坡）顶部水平位移	围护墙（边坡）顶部竖向位移	深层水平位移	立柱竖向位移	支撑内力	围护墙内力	立柱内力	锚杆内力	总分	归一化
围护墙（边坡）顶部水平位移	2	3	2	1	2	2	2	2	16	0.13
围护墙（边坡）顶部竖向位移	1	2	1	1	1	1	1	1	9	0.07
深层水平位移	2	3	2	2	2	2	2	2	17	0.13
立柱竖向位移	3	3	2	2	2	2	2	2	18	0.14
支撑内力	2	3	2	2	2	2	2	2	17	0.13
围护墙内力	2	3	2	2	2	2	2	2	17	0.13
立柱内力	2	3	2	2	2	2	2	2	17	0.13
锚杆内力	2	3	2	2	2	2	2	2	17	0.13

表6-16　承压水突涌警兆监测指标权重打分表

项目	围护墙（边坡）顶部竖向位移	地下水位变化	土压力	总分	归一化
围护墙（边坡）顶部竖向位移	2	1	1	4	0.22
地下水位变化	3	2	2	7	0.39
土压力	3	2	2	7	0.39

表 6-17　周边建筑物倒塌警兆监测指标权重打分表

项目	邻近建筑位移	裂缝宽度	总分	归一化
邻近建筑位移	2	2	4	0.5
裂缝宽度	2	2	4	0.5

表 6-18　周边地表沉降警兆监测指标权重打分表

项目	基坑周边地表竖向位移	裂缝宽度	总分	归一化
基坑周边地表竖向位移	2	2	4	0.5
裂缝宽度	2	2	4	0.5

表 6-19　机械事故警兆监测指标权重打分表

项目	器具故障率	员工违规率	总分	归一化
器具故障率	2	2	4	0.5
员工违规率	2	2	4	0.5

表 6-20　模板体系警兆监测指标权重打分表

项目	器具故障率	员工违规率	总分	归一化
器具故障率	2	2	4	0.5
员工违规率	2	2	4	0.5

表 6-21　脚手架体系警兆监测指标权重打分表

项目	器具故障率	员工违规率	总分	归一化
器具故障率	2	2	4	0.5
员工违规率	2	2	4	0.5

6.4.3　计算关联度并判断警度及可控度

根据公式 $K(I_i) = \sum \mu_{ij} \lambda_{ij}$ 计算关联度，并依据警度和可控度的划分原则，对地墙渗漏警兆的 100 个模拟现状警情判断其警度和可控度。

1）以无警为控制目的

若以无警为控制目的，则警度为 $K(I_1)$、$K(I_2)$、$K(I_3)$、$K(I_4)$ 中最大的数所对应的警度，$K(I_4)$ 为可控度。可控度的划分按照以下规则。

(1) $K(I_i) \subset (0, -0.70]$ 时，警度为高度可控。

（2）$K(I_i) \subset (-0.70, -0.90]$ 时，警度为中度可控。

（3）$K(I_i) \subset (-0.90, -1.00)$ 时，警度为低度可控。

最终获得 100 个模拟警情的警度及可控度判断结果如表 6-22 所示。

表 6-22　地墙渗漏关联度计算及警度、可控度判断结果

序号	$K(I_1)$	$K(I_2)$	$K(I_3)$	$K(I_4)$	警度	可控度
1	-0.52	-0.48	0.33	-0.47	轻警	-0.47（高度可控）
2	-0.50	-0.45	0.24	-0.54	轻警	-0.54（高度可控）
3	-0.50	-0.44	0.24	-0.43	轻警	-0.43（高度可控）
4	-0.55	-0.45	0.21	-0.65	轻警	-0.65（高度可控）
5	-0.15	-0.18	-0.78	-0.98	重警	-0.98（低度可控）
6	-0.53	-0.47	0.22	-0.60	轻警	-0.60（高度可控）
7	-0.50	-0.43	0.21	-0.51	轻警	-0.51（高度可控）
8	-0.50	-0.43	0.17	-0.35	轻警	-0.35（高度可控）
9	-0.53	-0.47	0.30	-0.52	轻警	-0.52（高度可控）
10	-0.51	-0.33	0.14	-0.60	轻警	-0.60（高度可控）
11	-0.50	-0.43	0.18	-0.51	轻警	-0.51（高度可控）
12	-0.50	-0.46	0.17	-0.43	轻警	-0.43（高度可控）
13	-0.39	0.06	-0.53	-0.95	中警	-0.95（低度可控）
14	-0.50	-0.42	0.19	-0.57	轻警	-0.57（高度可控）
15	-0.50	-0.18	-0.02	-0.45	轻警	-0.45（高度可控）
16	-0.53	-0.23	-0.07	-0.72	轻警	-0.72（中度可控）
17	-0.53	-0.50	0.20	-0.38	轻警	-0.38（高度可控）
18	-0.54	-0.50	0.19	-0.47	轻警	-0.47（高度可控）
19	-0.54	-0.50	0.14	-0.45	轻警	-0.45（高度可控）
20	-0.50	-0.41	0.10	-0.49	轻警	-0.49（高度可控）
21	-0.52	-0.49	0.224	-0.44	轻警	-0.44（高度可控）
22	-0.52	-0.45	0.11	-0.44	轻警	-0.44（高度可控）
23	-0.53	-0.51	0.18	-0.32	轻警	-0.32（高度可控）
24	-0.53	-0.35	0.21	-0.63	轻警	-0.63（高度可控）
25	-0.52	-0.23	-0.01	-0.79	轻警	-0.79（中度可控）
26	0.18	-0.50	-0.99	-1.00	重警	-1.00（低度可控）
27	-0.51	-0.41	0.20	-0.50	轻警	-0.50（高度可控）

序号	$K(I_1)$	$K(I_2)$	$K(I_3)$	$K(I_4)$	警度	可控度
28	−0.54	−0.34	0.14	−0.63	轻警	−0.63（高度可控）
29	−0.50	−0.44	0.21	−0.51	轻警	−0.51（高度可控）
30	−0.50	−0.35	0.26	−0.60	轻警	−0.60（高度可控）
31	−0.52	−0.48	0.32	−0.41	轻警	−0.41（高度可控）
32	−0.50	−0.47	0.16	−0.39	轻警	−0.39（高度可控）
33	−0.54	−0.49	0.27	−0.54	轻警	−0.54（高度可控）
34	−0.50	−0.44	0.23	−0.48	轻警	−0.48（高度可控）
35	−0.50	−0.45	0.31	−0.49	轻警	−0.49（高度可控）
36	−0.51	−0.46	0.30	−0.60	轻警	−0.60（高度可控）
37	−0.51	−0.45	0.19	−0.44	轻警	−0.44（高度可控）
38	−0.55	−0.45	0.27	−0.59	轻警	−0.59（高度可控）
39	−0.51	−0.49	0.33	−0.43	轻警	−0.43（高度可控）
40	−0.52	−0.44	0.24	−0.52	轻警	−0.52（高度可控）
41	−0.50	−0.25	0.06	−0.78	轻警	−0.78（中度可控）
42	−0.50	−0.47	0.14	−0.27	轻警	−0.27（高度可控）
43	−0.55	−0.50	0.25	−0.47	轻警	−0.47（高度可控）
44	−0.53	−0.44	0.15	−0.61	轻警	−0.60（高度可控）
45	−0.53	−0.47	0.23	−0.40	轻警	−0.40（高度可控）
46	−0.50	−0.26	0.08	−0.53	轻警	−0.53（高度可控）
47	−0.53	−0.47	0.20	−0.56	轻警	−0.56（高度可控）
48	−0.44	0.11	−0.48	−0.85	中警	−0.85（中度可控）
49	−0.54	−0.47	0.13	−0.38	轻警	−0.38（高度可控）
50	−0.52	−0.41	0.28	−0.47	轻警	−0.47（高度可控）
51	−0.50	−0.43	0.15	−0.56	轻警	−0.56（高度可控）
52	−0.51	−0.40	0.18	−0.45	轻警	−0.45（高度可控）
53	−0.50	−0.39	0.17	−0.57	轻警	−0.57（高度可控）
54	−0.50	−0.45	0.13	−0.31	轻警	−0.31（高度可控）
55	−0.50	−0.49	0.29	−0.36	轻警	−0.36（高度可控）
56	−0.48	−0.33	−0.15	−0.44	轻警	−0.44（高度可控）
57	−0.50	−0.49	0.25	−0.32	轻警	−0.32（高度可控）

序号	$K(I_1)$	$K(I_2)$	$K(I_3)$	$K(I_4)$	警度	可控度
58	-0.50	-0.47	0.12	-0.23	轻警	-0.23（高度可控）
59	-0.50	-0.50	0.19	-0.40	轻警	-0.40（高度可控）
60	-0.54	-0.50	0.19	-0.54	轻警	-0.54（高度可控）
61	-0.50	-0.46	0.13	-0.46	轻警	-0.46（高度可控）
62	-0.50	0.22	-0.56	-0.98	中警	-0.98（低度可控）
63	-0.52	-0.35	0.13	-0.67	轻警	-0.66（高度可控）
64	-0.53	-0.53	0.23	-0.33	轻警	-0.33（高度可控）
65	-0.50	-0.35	0.20	-0.67	轻警	-0.67（高度可控）
66	-0.50	-0.45	0.16	-0.47	轻警	-0.47（高度可控）
67	-0.55	-0.52	0.14	-0.34	轻警	-0.34（高度可控）
68	-0.50	-0.41	0.18	-0.56	轻警	-0.56（高度可控）
69	-0.51	-0.47	0.10	-0.38	轻警	-0.38（高度可控）
70	-0.50	-0.47	0.17	-0.32	轻警	-0.32（高度可控）
71	-0.50	-0.42	0.22	-0.51	轻警	-0.51（高度可控）
72	-0.50	-0.38	0.12	-0.39	轻警	-0.39（高度可控）
73	-0.50	-0.44	0.10	-0.40	轻警	-0.40（高度可控）
74	-0.50	-0.42	0.29	-0.44	轻警	-0.44（高度可控）
75	-0.50	-0.27	-0.03	-0.45	轻警	-0.45（高度可控）
76	-0.53	-0.43	0.23	-0.59	轻警	-0.59（高度可控）
77	-0.53	-0.44	0.246	-0.62	轻警	-0.62（高度可控）
78	-0.50	-0.22	0.05	-0.72	轻警	-0.72（中度可控）
79	-0.50	-0.32	0.10	-0.70	轻警	-0.70（高度可控）
80	-0.50	-0.47	0.31	-0.48	轻警	-0.48（高度可控）
81	-0.50	-0.31	0.09	-0.54	轻警	-0.54（高度可控）
82	-0.50	-0.50	0.29	-0.34	轻警	-0.34（高度可控）
83	-0.50	-0.44	0.22	-0.48	轻警	-0.48（高度可控）
84	-0.54	-0.47	0.23	-0.56	轻警	-0.56（高度可控）
85	-0.53	-0.53	0.29	-0.36	轻警	-0.36（高度可控）
86	-0.50	0.24	-0.50	-0.96	中警	-0.96（低度可控）
87	-0.48	-0.38	-0.02	-0.34	轻警	-0.34（高度可控）

续表

序号	$K(I_1)$	$K(I_2)$	$K(I_3)$	$K(I_4)$	警度	可控度
88	-0.55	-0.52	0.14	-0.29	轻警	-0.29（高度可控）
89	-0.54	-0.51	0.24	-0.44	轻警	-0.44（高度可控）
90	-0.50	-0.47	0.13	-0.31	轻警	-0.31（高度可控）
91	-0.54	-0.29	-0.14	-0.60	轻警	-0.60（高度可控）
92	-0.50	-0.41	0.22	-0.45	轻警	-0.45（高度可控）
93	-0.50	-0.39	0.25	-0.65	轻警	-0.65（高度可控）
94	-0.41	0.26	-0.65	-1.00	中警	-1.00（低度可控）
95	-0.50	-0.38	0.11	-0.64	轻警	-0.64（高度可控）
96	-0.50	0.21	-0.26	-0.93	中警	-0.93（低度可控）
97	-0.50	-0.45	0.25	-0.44	轻警	-0.44（高度可控）
98	-0.50	-0.44	0.27	-0.55	轻警	-0.55（高度可控）
99	-0.50	-0.45	0.25	-0.38	轻警	-0.38（高度可控）
100	-0.50	-0.45	0.21	-0.43	轻警	-0.43（高度可控）

表 6-22 中的数据显示了针对地墙渗漏警兆的 100 个模拟警情的警度和可控度的判断结果，针对该情况的分析如表 6-23 和图 6-1～图 6-3 所示。

表 6-23　地墙渗漏的警度与可控度分析

可控度 ＼ 警度	重警	中警	轻警	总计
高度	0	0	89	89
中度	0	1	3	4
低度	2	5	0	7
总计	2	6	92	100

■ 高度可控　■ 中度可控　□ 低度可控
图 6-1　重警可控度分配

图 6-2　中警可控度分配

图 6-3　轻警可控度分配

通过表 6-23 和图 6-1～图 6-3 中对地墙渗漏这一警兆的警度和可控度的分析，可以得出以下结论。

（1）若以无警为控制目的，针对地墙渗漏这一警兆，其警度越高，警情越严重，相应的可控度就会越低，即警情越严重，警度越高，则可控度越低，警情越不易被控制；控制该警情所需能量就越多，该警情被控制的概率也越小。

（2）若以无警为控制目的，当地墙渗漏的警情处于重警和中警时，其可控度较差；处于轻警时，其可控度为较好。可见当地墙渗漏这一警兆出现时，应尽早发现，尽早做出预案，通过有效的预案措施，警情可以被控制到无警的程度。

（3）上述分析所获取的可控度，是以警情被控制到无警为目的，且仅从技术上而言。所获结论有一定的局限性。

2）以降低警度为控制目的

若以降低警度为控制目的，则警度与可控度的确定遵从以下规则。

（1）$K(I_1)$、$K(I_2)$、$K(I_3)$、$K(I_4)$ 中有大于 0 的正数存在，取最大的正数为对应的警度，取位于（−1，0）中绝对值最大的负数为对应的可控度，警度可控至该可控度对应警度。

（2）$K(I_1)$、$K(I_2)$、$K(I_3)$、$K(I_4)$ 中没有大于 0 的正数存在，取最大的数为对应的警度，若警度为重警，则可控度为 $K(I_2)$ 对应的可控度，警度可控至中警；若警度为中警，则可控度为 $K(I_3)$ 对应的可控度，警度可控至轻警；若警度为轻警，则可控度为 $K(I_4)$ 对应的可控度，警度可控至无警。可控度的划分同上，最终获得 100 个模拟警情的警度及可控度判断结果如表 6-24 所示。

表 6-24　地墙渗漏关联度计算及警度、可控度判断结果

序号	$K(I_1)$	$K(I_2)$	$K(I_3)$	$K(I_4)$	警度	可控度
1	−0.52	−0.48	0.33	−0.47	轻警	−0.52（高度可控）
2	−0.50	−0.45	0.24	−0.54	轻警	−0.54（高度可控）
3	−0.50	−0.44	0.24	−0.43	轻警	−0.50（高度可控）
4	−0.55	−0.45	0.21	−0.65	轻警	−0.65（高度可控）
5	−0.15	−0.18	−0.78	−0.98	重警	−0.18（高度可控）
6	−0.53	−0.47	0.22	−0.60	轻警	−0.60（高度可控）
7	−0.50	−0.43	0.21	−0.51	轻警	−0.51（高度可控）
8	−0.50	−0.43	0.10	−0.35	轻警	−0.50（高度可控）
9	−0.53	−0.47	0.30	−0.52	轻警	−0.53（高度可控）
10	−0.51	−0.33	0.14	−0.60	轻警	−0.60（高度可控）
11	−0.50	−0.43	0.18	−0.51	轻警	−0.51（高度可控）
12	−0.50	−0.46	0.17	−0.43	轻警	−0.50（高度可控）
13	−0.39	0.06	−0.53	−0.95	中警	−0.39（高度可控）
14	−0.50	−0.42	0.19	−0.57	轻警	−0.57（高度可控）
15	−0.50	−0.18	−0.02	−0.45	轻警	−0.45（高度可控）
16	−0.53	−0.23	−0.07	−0.72	轻警	−0.72（中度可控）
17	−0.53	−0.50	0.20	−0.38	轻警	−0.53（高度可控）
18	−0.54	−0.50	0.19	−0.47	轻警	−0.54（高度可控）
19	−0.54	−0.50	0.14	−0.47	轻警	−0.54（高度可控）
20	−0.50	−0.41	0.10	−0.50	轻警	−0.50（高度可控）
21	−0.52	−0.49	0.22	−0.44	轻警	−0.49（高度可控）

表 6-24 的数据显示出了针对地墙渗漏警兆的 100 个模拟警情的警度和可控度的判断结果，针对该情况的分析如表 6-25 和图 6-4～图 6-6 所示。

表 6-25　地墙渗漏的警度与可控度分析

警度 可控度	重警	中警	轻警	总计
高度	2	6	89	97
中度	0	0	3	3
低度	0	0	0	0
总计	2	6	92	100

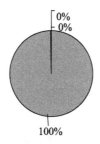

■ 高度可控　　■ 中度可控　　□ 低度可控

图 6-4　重警可控度分配

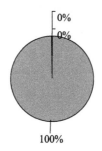

■ 高度可控　　■ 中度可控　　□ 低度可控

图 6-5　中警可控度分配

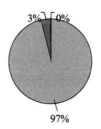

■ 高度可控　　■ 中度可控　　□ 低度可控

图 6-6　轻警可控度分配

从表 6-24 和图 6-4～图 6-6 中对地墙渗漏这一警兆的警度和可控度的分析中，可以得出以下结论。

（1）若控制目的是降低警度，就地墙渗漏这一警兆而论，警度与警情成正比，其可控度不一定成反比。一般来说，因为是控制到较低警度，当出现警兆时要控制到无警比较难，所以由重警控制到中警、中警控制到轻警的可控度比由轻警控制到无警的可控度更高。

（2）若控制目的是降低警度，就地墙渗漏这一警兆而论，其可控度是较好的。通过采取预案措施，可以将警情控制到较低警度，甚至无警的程度都可以实现。

（3）以降低警度为控制目的，分析获取了上述可控度，一般来说，将警兆控制到无警较难，只能通过采取进一步的发展措施控制警情。

通过对其他的地铁施工灾害警兆的警度和可控度进行判断和分析，也可以获得如下结论。

（1）以整个地铁施工灾害系统为研究对象，在警情与警度成正比的情况下，不易出现无警状态，这样能使可控度降低，警情则不易被控制，因此所需控制该警情的能量就越多，被控制的警情的概率也越小；而如果是以降低警度为目的的话，虽然将警兆控制到无警状态较难，但由重警控制到中警、中警控制到轻警的可控度比由轻警控制到无警的可控度更高，所需能量更少，被控制的概率也更大。

（2）在可控度较佳的情况下，当整个地铁施工灾害系统判断有警兆出现时，发生的各种事故可以通过采取合理有效的控制措施、预警预案措施得到有效避免。

6.4.4　拟合分析

1. 界定拟合分析的概念

拟合是指通过调整该函数中若干待定系数 $f(\lambda_1, \lambda_2, \cdots, \lambda_n)$，在已知某函数的若干离散函数值 $\{f_1, f_2, \cdots, f_n\}$ 条件下，使最小二乘意义最小。本书所指的拟合分析，是为了确定设计的合理性，将本书涉及的通过可拓集合理论所获得的地铁施工灾害警情的可控度判断结果同专家的经验判断进行拟合分析。

2. 拟合分析方法

由于问卷调查法获取资料方便、快捷的特点和专家访谈法调查对象集中、代表性强的特点，采用问卷调查同专家访谈相结合的方法，以问卷调查为基础，同相关领域的专家有针对性地就某些问题展开面谈或电话访谈。

3. 拟合分析步骤

通过对研究机构、业主单位、监理单位、施工单位及保险公司等从业领域的各个有经验的专家采取问卷调查的方法，形成关于可控度的研究设计判断结果，整理成调查问卷（详见附录 B）。

然后针对性地同 20 多位相关领域的专家（高等院校的研究专家和地铁方面的研究人员占主要部分）进行了面谈和电话访谈，确定本书研究方法的可行性。

4. 拟合分析结论

1) 问卷调查结果分析

本调查问卷对不同性质的单位进行了调查研究，其中包括业主单位、研究机构、监理单位、保险公司（包括第三方监测单位、保险公估单位）、施工单位及其他单位进行了问卷调查，一共发放 80 份，有效回收 77 份，有效调查问卷占总调查问卷数的 96.25%，调查结果满足一定的可信度。发放数量、单位及有效回收数的统计情况如表 6-26 所示。

表 6-26　调查问卷发放及回收情况（单位：份）

序号	单位性质	主要单位名称	发放数量	有效回收数量
1	业主单位	××地下铁道集团有限公司	12	12
2	研究机构	××大学、××地下铁道集团 有限公司研发部	22	22
3	监理单位	××地铁监理公司	7	6
4	保险公司	×保险股份有限公司、××保险公司	10	10
5	施工单位	××城建、××轨道交通工程建设有限公司、 ××城建集团有限公司	12	12
6	其他	××保险公估有限公司等	17	15

对 77 份有效调查问卷的背景信息进行归纳总结得到工作年限在 8 年内的有 22 人，占总人数的 28.57%；工作年限在 10～20 年的有 38 人，占总人数的 49.35%，工作年限在 20 年以上的人数有 17 人，占总人数的 22.08%。其中在施工现场工作的有 49 人，占总人数的 63.64%。本调查问卷是向从事相关工作并具有多年工作经验的专家发放的调查问卷，大多数都具有实践经验，从而证实了本调查的真实可靠性。

通过整理分析这 77 份有效调查问卷的分析结果表明：①87.01% 的被调查者（67 人）了解可控度，12.99% 的被调查者（10 人）经解释之后才了解可控度这一概念。②98.70% 的被调查者强调研究可控度具有很强的必要性，只有一位被调查者持反对意见，认为可控度理论不具备实用性，因其理论性太强。③当警度的认同率越高，则警情越严重，而对应的可控度就会越低。④对警情可控情况进行实地调查发现，37 个人，即 48.05% 的调查者认为较好，35 个人，即 45.45% 的被调查者认为一般，5 个人即 6.49% 的被调查者认为较差。得出最终结论，整个地铁施工灾害预警系统的可控度较好和本研究判断的结果相同。⑤对施工中各警兆监测指标的可控度判断研究发现，其中十项警兆中的八项，即 80% 与本研究判断结果相同，十项警兆中的一项与本研究判断结果的一致性达到 67.7%，十项警兆中的另一项最低仅占 33.3%。

在以上调查结果出来后，我们可以证实研究设计结论符合实际地铁施工要求，本研究可以用可控度和警度两个指标进行判断，提高预警诊断的警度的有效性，从而指导预案启动的工作研究，最后完善预警系统的构建和运行。

2）分析专家访谈结果

本研究采用的方式为电话访谈和面谈，选取了具备相关经验的 18 位专家，其中只有 1 位专家认为该方法还有待商榷，而其他 17 位专家完全同意本来的研究方法和研究结论，认同比例达到 94.44％。则可证实研究设计方法是具有实用性的，并能够被使用到地铁施工实际工作中。

6.5　本章小结

本章主要运用可控关联函数，计算地铁施工灾害警情的关联函数值，依据不同的警兆监测指标赋予不同的权重，计算出关联度和可拓阈，为第 7 章的预案输出做准备工作。本研究通过挖掘可拓集合理论，以其完整的运算工具和理论方法服务于警情诊断模型的研究，对警度和可控度进行定量化研究，其成果具有重要的理论意义。风险可控与否和警情可控程度的大小与预警效果和预案启动级别、组织实施强度有直接影响。特别是当警情不可控时，预先得知可控度，得出不可控的结论，可以减少人力、物力方面的损失与浪费。可控度定量化可以进一步持续改善预警系统的预案措施，更好的解决源自于风险后果延迟性产生的损失问题。因此，在预警系统中研究警情可控程度方面的定量化问题具有重要的实际意义。本研究的具体结论有以下几个方面。

（1）以地铁施工灾害系统为研究对象，在警情和警度成正比的情况下，控制到无警状态的难度很大，其可控度也会降低，不易控制警情。相应的，控制警情所需的能量就越多，能控制的警情的概率就越小。

（2）若以降低警度为目的，警度越高，警情越严重，但可控度未必越低。由重警控制到中警、中警控制到轻警的可控度要高于由轻警控制到无警的可控度。

（3）在可控度较佳的情况下，对于整个地铁施工灾害预警系统而言，当警兆出现时，按照既定的预警预案措施，及时采取合理有效的控制手段、灾害事故可以得到有效避免或降低灾害损失程度。

第7章　预案输出子系统——地铁施工灾害应急预案

7.1　地铁施工应急预案分级

7.1.1　地铁施工常见故障模式识别

运用 WBS-RBS 将地铁施工过程进行层层分解细化，全面地识别地铁施工过程中的常见故障模式。WBS-RBS 法是将工作分解构成 WBS（work breakdown structure）树，风险分解形成 RBS（risk breakdown structure）树，然后用工作分解树和风险分解树交叉构成 WBS-RBS 矩阵进行风险识别的方法。WBS-RBS 法虽然是一种定性的风险辨识方法，但却以定量的思维将工作层层分解细化，使风险辨识单位变得简单，比较容易全面地识别风险。

7.1.2　故障模式监测指标的确定

地铁施工常见故障模式的监控的效果取决于其监测指标的选取是否科学合理。本书对已有的规范和标准进行归类和完善，并结合工程实践经验和调研结果，总结形成较为全面的常见故障模式监测指标。

表 7-1　故障模式监测指标

序号	常见故障模式	监测指标
1	故障模式 1	
2	故障模式 2	

序号	常见故障模式	监测指标
3	故障模式 3	
⋮	⋮	
N	故障模式 N	

7.1.3 危险性分析及 RPN 风险评估

危险性分析常用的方法主要有以下两种。

1. 危害性矩阵法

危害性矩阵的纵坐标表示故障模式发生的概率等级，横坐标表示故障模式的严重性类别。危害性矩阵法通过横坐标及纵坐标的数值，确定每种故障模式的危害程度并进行排序，进而根据危险程度从高到低制定改进措施。

2. 风险优先数法

风险优先数法是由相关的设计、操作人员依照危险性分析等级评估表中的评价标准对故障严重程度（effect severity ranking，用 S 表示）、故障发生概率（occurrence probability ranking，用 O 表示）和故障检测难度（detection difficulty ranking，用 D 表示）进行打分，最后将三者相乘，得到风险优先数（risk priority number，RPN），其计算公式如下：

$$RPN = S \times O \times D \tag{7-1}$$

根据 FMEA 方法的分析步骤采取风险优先数法，即根据危险性分析评估表（表 7-2）对每种常见故障模式的发生概率、严重程度和检测难度按经验分级打分，并通过式（7-1）由严重程度、发生概率和检测难度三者的乘积计算得到每种故障模式的风险优先数 RPN 值，对每种常见故障模式进行风险评估，并由大到小对 RPN 值进行故障模式排序，最终得到常见故障模式危险性评价表，如表 7-3所示。

表 7-2　危险性分析等级评估表

评估项	评估标准
故障发生概率（O）	发生概率非常高（10 分）
	发生概率高（8 分）
	发生概率低（6 分）
	很少发生（4 分）
	几乎不发生（2 分）
故障严重程度（S）	致命的影响，功能丧失、人员死亡（10 分）
	重大的影响，功能丧失、人员受伤（8 分）
	较大的影响，功能部分丧失、人员受伤（6 分）
	轻微的影响，人员轻伤（4 分）
	影响极小（2 分）
故障检测难度（D）	完全无法检出（10 分）
	不经测试无法检出（8 分）
	在检查时可发现（6 分）
	前期检出可发现（4 分）
	直接可检出（2 分）

表 7-3　常见故障模式危险性评价

常见故障模式	故障发生概率	故障严重程度	故障检测难度	风险优先数	排序
故障模式 1					
故障模式 2					
⋮					
故障模式 N					

当某个故障模式发生时，严重程度越高、发生的概率越大、检测难度越大，那么其 RPN 值就会越高，对系统的影响也越大；反之 RPN 值就会越低，对系统的影响也越小。因此，根据计算出的 RPN 值制定控制措施时，可从降低故障发生严重程度、降低发生概率及提高故障检测难度三个方面入手。

7.1.4　警度及可控度的划分

1. 警度的划分

根据本团队的研究成果，将每个监测指标阈值细分为无警、轻警、中警和重警。基于海因里希的事故法则，其中重警占 1/333，中警占 29/333，轻警占

303/333。

2. 可控度的计算及划分

可控度的计算步骤，详见 6.1.2 小节。

7.1.5　预案措施的制定

1. 预案阶段的划分

地铁施工应急预案分为在施工过程中的事故发生前的预警阶段的预警措施和事故发生后的应急阶段的抢险措施，因此要求对应的应急预案应是加强性的措施，而在现有的预案中还存在施工前的某些预防措施，因此首先需要对现有的预案进行阶段的划分。

本研究将已有预案分为预防阶段预案措施、预警阶段预案措施和应急阶段预案措施，如表 7-4 所示。预防阶段的预案措施主要是指在该项工作开始之前预先提示全体设计、施工人员在施工过程中应注意的地方；预警阶段的预案措施是指在该项工作的进行过程中，出现某些事故的征兆时应采取的防止事故发生的加强性的措施；应急阶段的预案措施是指在该项工作的进行过程中，风险事故已经发生后所采取的防止事故进一步扩大的应急抢险措施。

表 7-4　预案阶段分解表

常见故障模式	预案阶段	预案内容
故障模式 1	预防阶段	
	预警阶段	
	应急阶段	
故障模式 2	预防阶段	
	预警阶段	
	应急阶段	
⋮	⋮	

续表

常见故障模式	预案阶段	预案内容
故障模式 N	预防阶段	
	预警阶段	
	应急阶段	

2. 预案内容分级

通过实地走访地铁施工现场并借鉴专家调查结果，根据警度及可控度对经过阶段划分整理后保留的预警阶段和应急阶段的预案措施的等级进行划分，并给出每个预案需要的储备资源的种类及强度大小。具体警度及可控度的内容分解表和资源量化需求表，如表 7-5 和表 7-6 所示。

表 7-5　基于警度及可控度的预案内容分解表

常见故障模式	警度	可控度	预案内容	
			预警措施	抢险措施
故障模式 1	重警	高度可控		
		中度可控		
		低度可控		
	中警	高度可控		
		中度可控		
		低度可控		
	轻警	高度可控		
		中度可控		
		低度可控		
故障模式 2	重警	高度可控		
		中度可控		
		低度可控		
	中警	高度可控		
		中度可控		
		低度可控		
	轻警	高度可控		
		中度可控		
		低度可控		

常见故障模式	警度	可控度	预案内容	
			预警措施	抢险措施
⋮	⋮	⋮	⋮	⋮
故障模式 N	重警	高度可控		
		中度可控		
		低度可控		
	中警	高度可控		
		中度可控		
		低度可控		
	轻警	高度可控		
		中度可控		
		低度可控		

表 7-6　资源量化需求表（一）

序号	资源种类	名称	单位	数量	备注
预警（抢险）措施 a	人工				
	机械				
	材料				
预警（抢险）措施 b	人工				
	机械				
	材料				
⋮	人工				
预警（抢险）措施 n	人工				
	机械				
	材料				

3. 应急预案分级 FMEA 表格

将上述成果通过 FMEA 表格的方式进行整理，得到地铁施工应急预案分级的 FMEA 表，如表 7-7 所示。

表 7-7　FMEA 分析表格

功能	常见故障模式	影响及危害性	监测指标	危害性评价				预案内容			
				概率	后果	检测难度	RPN 值	警度	可控程度	预警措施	抢险措施
基坑开挖	故障模式 1							轻警	高		
									中		
									低		
								中警	高		
									中		
									低		
								重警	高		
									中		
									低		
	⋮										
	故障模式 n							轻警	高		
									中		
									低		
								中警	高		
									中		
									低		
								重警	高		
									中		
									低		

7.2　常见故障模式识别及监测指标的确定

7.2.1　地铁施工常见故障模式识别

故障模式是指发生在系统构成组件或子系统上的故障状态或故障现象。系统潜在的故障可能会导致系统功能的破坏，影响系统的正常工作，造成多方面的损失。

可以将地铁施工过程的施工灾害事故看做一种或几种"故障模式"未得到有效控制所造成的后果，因此运用 WBS-RBS 将地铁施工过程进行层层分解细化，全面地识别地铁施工过程中的常见故障模式。

首先根据地铁施工过程中，母工程与子工程直接的结构关系和施工流程及结构特点将地铁工程项目逐级分解。地铁工程可分解为旋喷桩工程、基坑工程、主体结构工程和其他工程这四个子项目。选取地下基坑工程为研究对象进行细化分解是由于地下基坑工程的施工难度最大、施工环境最为复杂、风险也最大。分解形成的基坑工程工作分解结构，如图 7-1 所示。

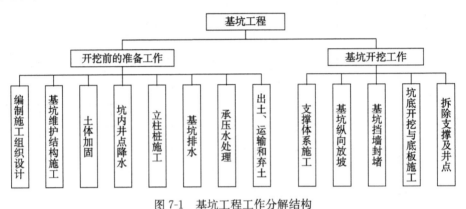

图 7-1　基坑工程工作分解结构

其次根据地铁施工灾害的历史资料对地铁施工灾害类型进行分析，找到常见的故障模式及故障模式发生所依赖的风险因素，如图 7-2 所示。

7.2.2　地铁施工常见故障模式监测指标选取

地铁施工常见故障模式的监测指标选取的合理性直接影响到其监控效果。但我国目前对于地铁施工监测项目和监测指标缺乏统一性，各地区有各自的标准和规范。以地铁基坑工程为例，许多规范和标准都设计基坑工程的监测项目，如《建筑基坑工程监测技术规范》（GB 50497—2009）、《地基动力特性测试规范》（GB/T50269—97）、《建筑地基处理技术规范》（JGJ79—2002）、《建筑基坑支护技术规程》（JGJ120—99）和《地下铁道、轻轨交通岩土工程勘察规范》（GB50307—1999）等。一些省市还根据当地的实际情况制定地铁基坑工程监测项目的地方标准，如《上海市深基坑工程管理规定》、湖北省地方标准《基坑工程技术规程》（DB42/159—2004）等。但在这些不同的规范和标准之间存在相互矛盾和要求不一致的地方。

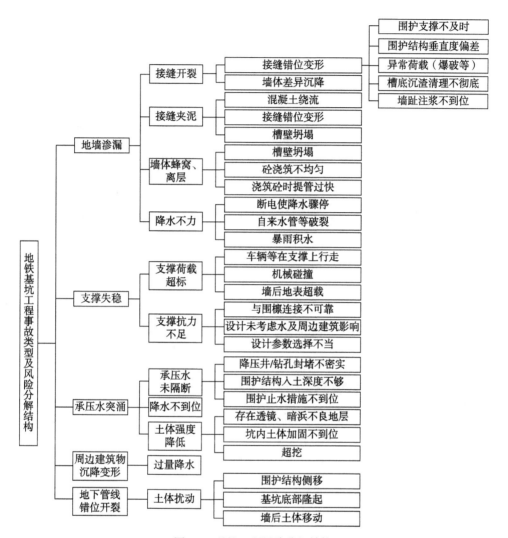

图 7-2 基坑工程风险分解结构

通过对上述的规范和标准进行整理和归类，并结合工程实践经验和调研结果，总结形成具有普遍性的地铁基坑工程的常见故障模式监测指标，如图 7-3 所示。

事故类型　　　　　　　常见故障模式　　　　　　　　　监测指标

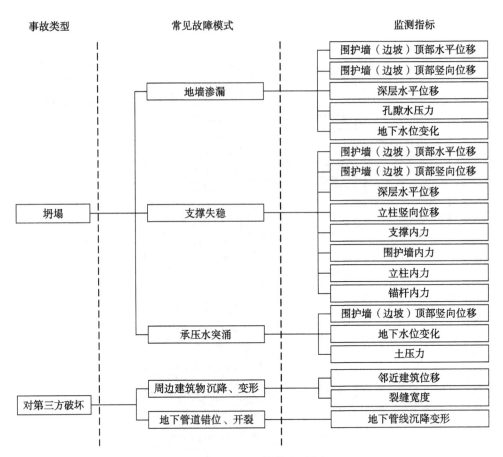

图 7-3　基坑工程警兆监测指标

7.3　危害性分析及 RPN 风险评估

在完成常见故障模式识别后，需要对每种故障模式的危险性进行分析。采用风险优先数法进行危险性分析。按照危险性分析的步骤，根据故障模式的影响，确定严重程度；根据故障发生的原因，确定发生概率；根据设计过程控制，确定检测难度。最后由严重程度、发生概率和检测难度三者的乘积计算得到每种故障模式的风险优先数，如表 7-2 所示。

通过调查问卷（附录 B）得到每种常见故障模式的发生概率、严重程度和可测程度，进而根据式（7-1）求得风险优先数，实现对重要故障模式的筛选和排序，如表 7-8 所示。

表 7-8　常见故障模式危险性评价表

常见故障模式	故障发生概率	故障严重程度	故障检测难度	风险优先数	排序
地下连续墙渗漏	10	2	6	120	3
支撑失稳	6	6	6	216	1
承压水突涌	6	2	6	72	5
周围建筑物沉降、变形	4	6	6	144	2
地下管线错位、开裂	4	4	6	96	4

7.4　故障模式的监测指标警度物元模型

由于每个监测指标阈值细分为无警、轻警、中警和重警，其中重警占 1/333，中警占 29/333，轻警占 303/333，因此得到以下 5 种常见故障模式的监测指标警度物元模型。

1. 地下连续墙渗漏故障模式的监测指标警度物元模型

地下连续墙渗漏故障模式的监测指标警度物元模型，详见 6.4.1 小节。

2. 支撑失稳故障模式监测指标警度物元模型

$$R_1^2 = \begin{bmatrix} 重警 & 围护墙（边坡）顶部水平位移 & (29.985，30] \\ & 围护墙（边坡）顶部竖向位移 & (19.97，20] \\ & 深层水平位移 & (49.97，50] \\ & 立柱竖向位移 & (34.97，35] \\ & 支撑内力 & [69.97\%f_2，70\%f_2) \\ & 围护墙内力 & [69.97\%f_2，70\%f_2) \\ & 立柱内力 & [69.97\%f_2，70\%f_2) \\ & 锚杆内力 & [69.97\%f_2，70\%f_2) \end{bmatrix}$$

$$R_2^2 = \begin{bmatrix} \text{中警} & \text{围护墙（边坡）顶部水平位移} & [29.55, 29.985) \\ & \text{围护墙（边坡）顶部竖向位移} & [19.1, 19.97) \\ & \text{深层水平位移} & [49.1, 49.97) \\ & \text{立柱竖向位移} & [34.1, 34.97) \\ & \text{支撑内力} & [69.1\%f_2, 69.97\%f_2) \\ & \text{围护墙内力} & [69.1\%f_2, 69.97\%f_2) \\ & \text{立柱内力} & [69.1\%f_2, 69.97\%f_2) \\ & \text{锚杆内力} & [69.1\%f_2, 69.97\%f_2) \end{bmatrix}$$

$$R_3^2 = \begin{bmatrix} \text{轻警} & \text{围护墙（边坡）顶部水平位移} & [25, 29.95) \\ & \text{围护墙（边坡）顶部竖向位移} & [10, 19.1) \\ & \text{深层水平位移} & [40, 49.1) \\ & \text{立柱竖向位移} & [25, 34.1) \\ & \text{支撑内力} & [60\%f_2, 69.1\%f_2] \\ & \text{围护墙内力} & [60\%f_2, 69.1\%f_2] \\ & \text{立柱内力} & [60\%f_2, 69.1\%f_2] \\ & \text{锚杆内力} & [60\%f_2, 69.1\%f_2] \end{bmatrix}$$

$$R_4^2 = \begin{bmatrix} \text{无警} & \text{围护墙（边坡）顶部水平位移} & [0, 25) \\ & \text{围护墙（边坡）顶部竖向位移} & [0, 10) \\ & \text{深层水平位移} & [0, 40) \\ & \text{立柱竖向位移} & [0, 25) \\ & \text{支撑内力} & [0, 60\%f_2] \\ & \text{围护墙内力} & [0, 60\%f_2] \\ & \text{立柱内力} & [0, 60\%f_2] \\ & \text{锚杆内力} & [0, 60\%f_2] \end{bmatrix}$$

3. 承压水突涌故障模式监测指标警度物元模型

$$R_1^3 = \begin{bmatrix} \text{重警} & \text{围护墙（边坡）顶部竖向位移} & (29.985, 30] \\ & \text{地下水位变化} & (997, 1\,000] \\ & \text{土压力} & [69.97\%f_1, 70\%f_1] \end{bmatrix}$$

$$R_2^3 = \begin{bmatrix} \text{中警} & \text{围护墙（边坡）顶部竖向位移} & [29.55, 29.985) \\ & \text{地下水位变化} & [910, 997) \\ & \text{土压力} & [69.1\%f_1, 69.97\%f_1) \end{bmatrix}$$

$$R_3^3 = \begin{bmatrix} \text{轻警} & \text{围护墙（边坡）顶部竖向位移} & [25, 29.55) \\ & \text{地下水位变化} & (0, 910) \\ & \text{土压力} & [60\%f_1, 69.1\%f_1] \end{bmatrix}$$

$$R_4^3 = \begin{bmatrix} 无警 & 围护墙（边坡）顶部竖向位移 & [0，25) \\ & 地下水位变化 & [0] \\ & 土压力 & [0_1，60\% f_1] \end{bmatrix}$$

4. 周围建筑物沉降变形故障模式监测指标警度物元模型

$$R_1^5 = \begin{bmatrix} 重警 & 邻近建筑位移 & (59.85，60] \\ & 裂缝宽度 & (2.995\ 5，3] \end{bmatrix}$$

$$R_2^5 = \begin{bmatrix} 中警 & 邻近建筑位移 & [55.5，59.85) \\ & 裂缝宽度 & [2.865，2.995\ 5) \end{bmatrix}$$

$$R_3^5 = \begin{bmatrix} 轻警 & 邻近建筑位移 & [10，55.5) \\ & 裂缝宽度 & [1.5，2.865) \end{bmatrix}$$

$$R_4^5 = \begin{bmatrix} 无警 & 邻近建筑位移 & [0，10) \\ & 裂缝宽度 & [0，1.5) \end{bmatrix}$$

5. 地下管线错位开裂故障模式监测指标警度物元模型

$$R_1^7 = [重警 \quad 地下管线沉降变形 \quad (19.97，20]]$$

$$R_2^7 = [中警 \quad 地下管线沉降变形 \quad [19.1，19.97)]$$

$$R_3^7 = [轻警 \quad 地下管线沉降变形 \quad [10，19.1)]$$

$$R_4^7 = [无警 \quad 地下管线沉降变形 \quad [0，10)]$$

7.5　应急预案分级

7.5.1　预案阶段划分

地铁施工应急预案分为在施工过程中，事故发生前预警阶段的预警措施和事故发生后应急阶段的抢险措施，因此要求对应的措施必须是加强性的措施，而在现有的预案中还存在施工前的某些预防措施，因此首先需要对现有的预案进行阶段的划分。

根据文献和实际施工方案资料整理得到地下连续墙渗漏、支撑失稳、承压水突涌、周围建筑物沉降变形和地下管线错位开裂五种地铁基坑工程施工过程中常见故障模式的预案内容，并根据预案作用的不同，将预案分为预防阶段预案措施、预警阶段预案措施和应急阶段预案措施，如表 7-9～表 7-13 所示。由于研究的是基坑工程，因此预防阶段的预案措施主要是指在基坑开挖之前，即在设计及施工交底时预先提示全体设计、施工人员在施工过程中应注意的地方；预警阶段的预案措施是指在基坑开挖的过程中，出现某些事故的征兆，如第三方监测数据显示异常，此时应采取防止事故的发生的加强性的措施；应急阶段的预案措施是指基坑开挖的过程中，风险事故已经发生后所采取的防止事故进一步扩大的应急抢险措施。

表 7-9　地下连续墙渗漏故障模式预案阶段分解

预案阶段	预案内容
预防阶段 （基坑开挖前）	1. 合理选用接头方式
	2. 加强接头处清理
	3. 合理设计槽段幅宽和导管组数
	4. 混凝土配合比优化设计
	5. 接头处墙后增设止水
	6. 做好垂直度控制
	7. 开挖前对围护结构质量资料进行认真分析，判断围护结构之间是否完成封闭，接缝附近是否渗水
	8. 加强冷缝处理，保证高压旋喷桩施工质量
	9. 合理布置监测点，按设计要求频率进行监测
预警阶段 （基坑开挖过程中，地下连续墙还未渗漏）	1. 成立接缝巡视小组，加强巡视
	2. 基坑周边地连墙外侧接缝采用双液注浆止水
	3. 局部基坑底取双重管高压旋喷桩全断面加固
	4. 基坑内设置分仓隔墙
	5. 对周边建筑采用注浆预加固
	6. 检查控制开挖进度并严格控制开挖的速度
	7. 对支撑复加预应力，防止基坑变形
	8. 检查基坑外 2～5 米范围是否停放重型机械或集中堆放较大荷载，并对荷载进行清除
	9. 加强对围护墙（边坡）顶部水平位移等监测指标的监测
	10. 基坑周边地连墙外侧接缝采用双重管旋喷桩止水
应急阶段 （基坑开挖过程中，地下连续墙已渗漏）	1. 施工中可在墙后加强降水，临时降低墙后水位，减小接头处的渗漏流量
	2. 当渗水量较小且不影响施工也不影响周边环境时，可在坑底设排水沟
	3. 不具有明显水压力时，可通过加注聚氨酯进行封堵，或在对地下连续墙面进行剔凿清理后用堵漏灵或快硬水泥封堵
	4. 当具有较明显的水压力渗漏较轻微时，可在基坑内侧注浆堵漏
	5. 当具有明显水压力而渗漏较严重时，在基坑外侧进行双液速凝注浆
	6. 当严重漏水导致围护结构有较大变形时，用坑内加载的方式保证基坑安全

资料来源：根据文献［206～209］整理自绘

表 7-10　支撑失稳故障模式预案阶段分解

预案阶段	预案内容
预防阶段 （基坑开挖前）	1. 邀请相关专家对基坑施工专项方案进行审查
	2. 应严格按照设计要求进行钢筋混凝土支撑的施工，应严格控制钢筋混凝土支撑施工时各个工序的施工质量，包括植筋、钢筋焊接、绑扎、模板支护、混凝土浇筑及养护等
	3. 应严格遵守"先撑后挖"，待上层钢筋混凝土支撑强度达到设计要求后再进行下层土体的开挖
	4. 对于直撑，通常应在支撑端头中心处设置一承压板，以保证支撑不偏心受力；或在端头四周设置钢板锲代替中心承压板。空隙处填快硬细石混凝土。对于斜撑应验证锚固处的抗剪安全系数 KQ，保证 $KQ \geqslant 2.0$
预警阶段 （基坑开挖过程中， 支撑还未失稳）	1. 渐缓开挖，稳定变形
	2. 加密监测点，加强对支撑体系、周边地表地物的监测，尤其应当重视对围护结构内力、位移的监测
	3. 加强质检力度，严格施工工序检查
	4. 对钢支撑采取吊护措施，严防钢支撑坠落
	5. 复加预应力
	6. 增加临时支撑
	7. 加强对支撑立柱的监测，若立柱隆起过大时，可对立柱与支撑的 U 形抱箍进行调整，从而让因立柱隆起产生的过大次应力得到释放
应急阶段 （基坑开挖过程中， 支撑已失稳）	1. 应对支撑柱进行加撑补强，复查周围支撑寻找失稳原因；现场抢险的同时，立即会同设计单位、建设单位、监理单位等相关人员商定解决方案
	2. 采取基坑外削坡减载，基坑内回填土方加载的措施；如果围护结构背后发生土体流失，要立即填充砂或混凝土，复查周围支撑寻找失稳原因

资料来源：根据文献［210～216］整理自绘

表 7-11　承压水突涌故障模式预案阶段分解

预案阶段	预案内容
预防阶段 （基坑开挖前）	1. 认真分析地质勘察报告
	2. 开挖前应提前抽降地下水，将基坑内地下水降至基底以下 0.5～1 米，以保证基坑稳定的目的
	3. 避免基底土体暴露时间过长

续表

预案阶段	预案内容
预警阶段 （基坑开挖过程中， 承压水未突涌）	1. 检查是否超挖，严格控制挖掘深度
	2. 加强基底回弹的监测
	3. 在基坑外侧或内侧以深井点降低承压水压，同时在附近建筑物旁边地层中用回灌水法以控制地层沉降，保护建筑设施，当基坑处于空旷地区可不采取回灌水措施
	4. 施做止水帷幕
	5. 对坑底采取碎石换填
	6. 重新分析地质勘察报告，找出可能突涌的承压水层，分析原因
	7. 启动降压井降压
应急阶段 （基坑开挖过程中， 承压水已发生突涌）	1. 对涌水处进行注浆封堵。在管涌位置插入较大口径的导流管，再用压力注浆机在导流管四周注入水泥浆，使四周土体封闭，最后封闭导流管。完成管涌封堵后加强降水，再进行土方开挖
	2. 采取回填土压载措施
	3. 设置高压旋喷桩对坑底土层加固

资料来源：根据文献［217～223］整理自绘

表 7-12 周围建筑物沉降、变形故障模式预案阶段分解

预案阶段	预案内容
预防阶段 （基坑开挖前）	1. 施工前调查所有在施工影响范围内的建筑物，着重查明建筑物的结构形式、基础形式、数量、修建年代、材质、质量状况、工作状态、与地铁线路的位置关系等
	2. 遵循"先加固、后施工"的原则
	3. 实施信息化施工
	4. 严格控制接缝施工质量
	5. 要合理设计围护结构，如地下水位高的地区要根据土质情况设置止水帷幕墙，对围护结构周围进行止水处理，坑外要设置若干回灌井、观察井，或在周围建筑物与围护结构之间设隔水墙，防止因降水而影响原有建筑物稳定
	6. 建立监测系统，在施工全过程进行对围护结构、周围地面、建筑物等变形监测，发现苗头，立即进行回灌和其他相应措施
预警阶段 （基坑开挖过程中， 周围建筑物还未 发生沉降变形）	1. 严格控制降水量，采取分层、分部位降水
	2. 控制压密注浆速度
	3. 基坑开挖过程中加强挡水，减小楼房附近的地下水流失
	4. 对基坑周边房屋进行袖阀管预注浆处理或打隔离桩
	5. 加强监控量测，基坑土方开挖至结构完成前，密切注意基坑围护结构的水平位移
	6. 若在垫层浇筑期间，可在垫层中增加钢筋或缩短垫层浇筑时间。若在结构施工阶段，可增加临时钢支撑，并增加施工人员，缩短结构施工时间

续表

预案阶段	预案内容
应急阶段 （基坑开挖过程中， 周围建筑物已发 生沉降变形）	1. 立即停止土方开挖，在已开挖面加设临时钢支撑
	2. 采取斜向跟踪注浆管和垂直封闭注浆加固的方案
	3. 做止水帷幕及回灌
	4. 应进行地层深部位移监测，加密测点和减少监测时间间隔，进行地层分层沉降、分层水平位移和水位监测
	5. 对建筑物进行基础托换或加固

资料来源：根据文献［224～227］整理自绘

表 7-13　地下管线错位、开裂故障模式预案阶段分解

预案阶段	预案内容
预防阶段 （基坑开挖前）	1. 建立日常巡查制度，实行专人定期检查，发现安全隐患后及时上报，及时进行处理，另外，根据现场需要，采取一些必要的防雨、防晒措施
	2. 按要求恢复管道和回填土
预警阶段 （基坑开挖过程中， 地下管线还未 错位、开裂）	1. 增大支撑刚度
	2. 开挖并暴露管线，并对其进行悬吊等方式加以保护
	3. 在施工影响范围内加强对各种管线和悬吊的巡视，加大监测频率
	4. 检查管线现状是否与交底内容不符，若不符则通知建设单位和有关管线单位到场研究，商议补救措施
	5. 悬吊管线下砌简支墩加固
	6. 基坑内土体被动区加固
应急阶段 （基坑开挖过程中， 地下管线已发生 错位、开裂）	1. 发现沉降量达到报警值时，立即将管线靠基坑一侧打槽钢封闭，管线距基坑较近时设支撑架将管线架空，与土体脱离，同时采取调整基坑的施工顺序、施工方法等措施
	2. 对管线下地基作跟踪注浆，防止管线过量沉降
	3. 与管道产权管理单位联系，通知有关管线单位要求抢修

资料来源：根据文献［228～234］整理自绘

通过对预案阶段的划分整理，去除预防阶段的预案措施，保留预警阶段和应急阶段的预案措施作为后续预案分级的原始数据。

7.5.2　预案等级划分及资源需求分析

对经过阶段的划分整理后保留的预警阶段和应急阶段的预案措施进行了大量的问卷调查（附录 B），并结合专家调查的意见，对预案等级进行了划分并给出每个预案需要的储备资源的种类及强度大小。

1. 地下连续墙渗漏故障模式预案等级划分

1）轻警，高度可控

预警措施如下。

（1）成立接缝巡视小组，加强巡视。

（2）加强对围护墙（边坡）顶部水平位移等监测指标的监测。具体资源量化需求见表7-14。

表 7-14　轻警，高度可控资源量化需求表（一）

资源种类	名称	单位	数量	备注
人工	委托具备相应监测资质的第三方承担监测工作			
机械	钻孔设备	台	1	
	全站仪	台	2	
	混凝土应变计	个	若干	
	孔隙水压力计	个	若干	
	土压力计	个	若干	
材料	水位管	米	若干	

2）轻警，中度可控

预警措施如下。

（1）加强对围护墙（边坡）顶部水平位移等监测指标的监测。

（2）对周边建筑采用注浆预加固。具体资源量化需求见表 7-15。

表 7-15　轻警，中度可控资源量化需求表（一）

资源种类	名称	单位	数量	备注
人工	委托具备相应监测资质的第三方承担监测工作			
机械	灰浆搅拌机	台	1	
	液压注浆泵	台	2	
材料	塑料注浆管	米	100	
	水泥	吨	10	

3）轻警，低度可控

预警措施如下。

（1）加强对围护墙（边坡）顶部水平位移等监测指标的监测。

（2）基坑内设置分仓隔墙。

（3）检查开挖进度并严格控制开挖的速度。具体资源量化需求见表 7-16。

表 7-16　轻警，低度可控资源量化需求表（一）

资源种类	名称	单位	数量	备注
人工	委托具备相应监测资质的第三方承担监测工作			
机械	混凝土振捣机具	台	若干	
材料	模板	平方米	200	
	商品混凝土	立方米	若干	

4）中警，高度可控

预警措施如下。

（1）加强对围护墙（边坡）顶部水平位移等监测指标的监测。

（2）检查基坑外 2～5 米范围是否停放重型机械或集中堆放较大荷载，并对荷载进行清除。具体资源量化需求见表 7-17。

表 7-17　中警，高度可控资源量化需求表（一）

资源种类	名称	单位	数量	备注
人工	委托具备相应监测资质的第三方承担监测工作，现场加强巡视排查			

5）中警，中度可控

预警措施如下。

（1）加强对围护墙（边坡）顶部水平位移等监测指标的监测。

（2）基坑周边地连墙外侧接缝采用双重管旋喷桩止水。

（3）检查基坑外 2～5 米范围是否停放重型机械或集中堆放较大荷载，并对荷载进行清除。具体资源量化需求见表 7-18。

表 7-18　中警，中度可控资源量化需求表（一）

资源种类	名称	单位	数量	备注
人工	委托具备相应监测资质的第三方承担监测工作			
机械	旋喷桩机	台	1	
	灰浆搅拌机	台	1	
	液压注浆泵	台	1	
材料	水泥	吨	10	

6）中警，低度可控

预警措施如下。

（1）加强对围护墙（边坡）顶部水平位移等监测指标的监测。

（2）基坑周边地连墙外侧接缝采用双液注浆止水。具体资源量化需求见表7-19。

表 7-19　中警，低度可控资源量化需求表（一）

资源种类	名称	单位	数量	备注
人工	委托具备相应监测资质的第三方承担监测工作			
机械	旋喷桩机	台	1	
	灰浆搅拌机	台	1	
	液压注浆泵	台	1	
材料	水泥	吨	10	

7）重警，高度可控

（1）预警措施：①加强对围护墙（边坡）顶部水平位移等监测指标的监测；②基坑周边地连墙外侧接缝采用双液注浆止水。

（2）抢险措施：①当渗水量较小且不影响施工也不影响周边环境时，可在坑底设排水沟；②不具有明显水压力时，可通过加注聚氨酯进行封堵，或在对地下连续墙面进行剔凿清理后用堵漏灵或快硬水泥封堵。具体资源量化需求见表7-20。

表 7-20　重警，高度可控资源量化需求表（一）

资源种类	名称	单位	数量	备注
人工	委托具备相应监测资质的第三方承担监测工作			
机械	旋喷桩机	台	1	
	灰浆搅拌机	台	1	
	液压注浆泵	台	1	
材料	水泥	吨	10	
	剔凿工具	个	若干	
	堵漏灵	千克	50	

8）重警，中度可控

抢险措施：当具有较明显的水压力渗漏较轻微时，可在基坑内侧注浆堵漏。具体资源量化需求见表 7-21。

表 7-21　重警，中度可控资源量化需求表（一）

资源种类	名称	单位	数量	备注
机械	灰浆搅拌机	台	1	
	液压注浆泵	台	2	
材料	塑料注浆管	米	100	
	水泥	吨	10	

9）重警，低度可控

抢险措施如下。

（1）当具有明显水压力而渗漏较严重时，在基坑外侧进行双液速凝注浆。

（2）当严重漏水导致围护结构有较大变形时，用坑内加载的方式保证基坑安全。具体资源量化需求见表 7-22。

表 7-22　重警，低度可控资源量化需求表（一）

资源种类	名称	单位	数量	备注
机械	旋喷桩机	台	1	
	灰浆搅拌机	台	1	
	液压注浆泵	台	1	
	挖掘机	台	2	
材料	塑料注浆管	米	100	
	水泥	吨	10	
	砂袋	包	50	

2. 支撑失稳故障模式预案等级划分

1）轻警，高度可控

预警措施：对钢支撑采取吊护措施，严防钢支撑坠落。具体资源量化需求见表 7-23。

表 7-23　轻警，高度可控资源量化需求表（二）

资源种类	名称	单位	数量	备注
机械	汽车式起重机	台	1	
材料	钢丝绳	米	50	

2）轻警，中度可控

预警措施：加强对支撑立柱的监测，若立柱隆起过大时，可对立柱与支撑的U形抱箍进行调整，从而让因立柱隆起产生的过大次应力得到释放。具体资源量化需求见表 7-24。

表 7-24　轻警，中度可控资源量化需求表（二）

资源种类	名称	单位	数量	备注
人工	委托具备相应监测资质的第三方承担监测工作			

3）轻警，低度可控

预警措施：渐缓开挖，稳定变形。

4）中警，高度可控

预警措施：加密监测点，加强对支撑体系、周边地表地物的监测，尤其应当重视对围护结构内力、位移的监测。具体资源量化需求见表 7-25。

表 7-25　中警，高度可控资源量化需求表（二）

资源种类	名称	单位	数量	备注
人工	委托具备相应监测资质的第三方承担监测工作			同表 7-24

5）中警，中度可控

预警措施：复加预应力。具体资源量化需求见表 7-26。

表 7-26　中警，中度可控资源量化需求表（二）

资源种类	名称	单位	数量	备注
机械	汽车式起重机	台	1	
	挖掘机	台	1	
材料	钢丝绳	米	100	
	工字钢	米	200	

6）中警，低度可控

预警措施：增加临时支撑。具体资源量化需求见表 7-27。

表 7-27　中警, 低度可控资源量化需求表 (二)

资源种类	名称	单位	数量	备注
机械	汽车式起重机	台	1	
	打桩机	台	1	
	挖掘机	台	1	
材料	工字钢	米	200	

7) 重警, 高度可控

(1) 预警措施: ①增加临时支撑; ②复加预应力。

(2) 抢险措施: 应对支撑柱进行加撑补强, 复查周围支撑寻找失稳原因; 现场抢险的同时, 立即会同设计单位、建设单位、监理单位等相关人员商定解决方案。具体资源量化需求见表 7-28。

表 7-28　重警, 高度可控资源量化需求表 (二)

资源种类	名称	单位	数量	备注
机械	汽车式起重机	台	1	
	打桩机	台	1	
	挖掘机	台	1	
材料	钢支撑构件	吨	10	
	工字钢	米	200	

8) 重警, 中度可控

抢险措施: 应对支撑柱进行加撑补强, 复查周围支撑寻找失稳原因; 现场抢险的同时, 立即会同设计单位、建设单位、监理单位等相关人员商定解决方案。具体资源量化需求见表 7-29。

表 7-29　重警, 中度可控资源量化需求表 (二)

资源种类	名称	单位	数量	备注
机械	汽车式起重机	台	1	
	打桩机	台	1	
	挖掘机	台	1	
材料	钢支撑构件	吨	10	
	工字钢	米	200	

9) 重警, 低度可控

抢险措施: 采取基坑外削坡减载, 基坑内回填土方加载的措施; 如果围护结构背后发生土体流失，要立即填充砂或混凝土，复查周围支撑寻找失稳原因。具体资源量化需求见表7-30。

表 7-30　重警，低度可控资源量化需求表（二）

资源种类	名称	单位	数量	备注
机械	挖掘机	台	5	
	推土机	台	1	
材料	砂	吨	50	
	混凝土	立方米	若干	

3. 承压水突涌故障模式预案等级划分

1）轻警，高度可控

预警措施：检查是否超挖，严格控制挖掘深度。具体资源量化需求见表7-31。

表 7-31　轻警，中度可控资源量化需求表（三）

资源种类	名称	单位	数量	备注
人工	委托具备相应监测资质的第三方承担监测工作			

2）轻警，中度可控

预警措施：重新分析地质勘察报告，找出可能突涌的承压水层，分析原因。具体资源量化需求见表7-32。

表 7-32　轻警，中度可控资源量化需求表（三）

资源种类	名称	单位	数量	备注
人工	分析地质勘察报告			

3）轻警，低度可控

预警措施：加强基底回弹的监测、地下水位观测。具体资源量化需求见表7-33。

表 7-33　轻警，低度可控资源量化需求表（二）

资源种类	名称	单位	数量	备注
人工	委托具备相应监测资质的第三方承担监测工作			

4）中警，高度可控

预警措施：加强基底回弹的监测、地下水位观测。具体资源量化需求见表7-34。

表7-34 中警，高度可控资源量化需求表（三）

资源种类	名称	单位	数量	备注
人工	委托具备相应监测资质的第三方承担监测工作			

5）中警，中度可控

预警措施：施做止水帷幕。具体资源量化需求见表7-35。

表7-35 中警，中度可控资源量化需求表（三）

资源种类	名称	单位	数量	备注
机械	旋喷桩机	台	1	
	灰浆搅拌机	台	1	
	液压注浆泵	台	1	
材料	水泥	吨	10	

6）中警，低度可控

预警措施：启动降压井降压。具体资源量化需求见表7-36。

表7-36 中警，低度可控资源量化需求表（三）

资源种类	名称	单位	数量	备注
机械	降压井	口	10	
	水泵	台	10	

7）重警，高度可控

（1）预警措施：启动降压井降压。

（2）抢险措施：对涌水处进行注浆封堵。在管涌位置插入较大口径的导流管，再用压力注浆机在导流管四周注入水泥浆，使四周土体封闭，最后封闭导流管。完成管涌封堵后加强降水，再进行土方开挖。具体资源量化需求见表7-37。

表7-37 重警，高度可控资源量化需求表（三）

资源种类	名称	单位	数量	备注
机械	灰浆搅拌机	台	1	
	液压注浆泵	台	1	
材料	导流管	米	100	
	水泥	吨	5	

8）重警，中度可控

抢险措施：设置高压旋喷桩对坑底土层加固。具体资源量化需求见表7-38。

表 7-38　重警，中度可控资源量化需求表（三）

资源种类	名称	单位	数量	备注
机械	旋喷桩机	台	1	同表 7-35
	灰浆搅拌机	台	1	
	液压注浆泵	台	1	
材料	水泥	吨	10	

9）重警，低度可控

抢险措施：采取回填土压载措施。具体资源量化需求见表 7-39。

表 7-39　重警，低度可控资源量化需求表（三）

资源种类	名称	单位	数量	备注
机械	挖掘机	台	3	
	推土机	台	2	

4. 周围建筑物沉降、变形故障模式预案等级划分

1）轻警，高度可控

预警措施：严格控制降水量，采取分层、分部位降水。具体资源影响需求见表 7-40。

表 7-40　轻警，高度可控资源量化需求表（四）

资源种类	名称	单位	数量	备注
机械	降水井	口	10	
	水泵	台	10	

2）轻警，中度可控

预警措施：加强监控量测，基坑土方开挖至结构完成前，密切注意基坑围护结构的水平位移。具体资源量化需求见表 7-41。

表 7-41　轻警，中度可控资源量化需求表（四）

资源种类	名称	单位	数量	备注
人工	委托具备相应监测资质的第三方承担监测工作			同表 7-33

3）轻警，低度可控

预警措施：基坑开挖过程中加强挡水，减小楼房附近的地下水流失。具体资源量化需求见表 7-42。

表 7-42　轻警，低度可控资源量化需求表（三）

资源种类	名称	单位	数量	备注
机械	旋喷桩机	台	1	
	灰浆搅拌机	台	1	同表 7-38
	液压注浆泵	台	1	
材料	水泥	吨	10	

4）中警，高度可控

预警措施：对基坑周边房屋进行袖阀管预注浆处理或打隔离桩。具体资源量化需求见表 7-43。

表 7-43　中警，高度可控资源量化需求表（四）

资源种类	名称	单位	数量	备注
机械	灰浆搅拌机	台	1	
	液压注浆泵	台	1	
材料	塑料注浆管	米	100	
	水泥	吨	10	

5）中警，中度可控

预警措施：控制压密注浆速度。具体资源量化需求见表 7-44。

表 7-44　中警，中度可控资源量化需求表（四）

资源种类	名称	单位	数量	备注
机械	灰浆搅拌机	台	1	
	液压注浆泵	台	1	
材料	塑料注浆管	米	100	
	水泥	吨	10	

6）中警，低度可控

预警措施：若在垫层浇筑期间，可在垫层中增加钢筋或缩短垫层浇筑时间。若在结构施工阶段，可增加临时钢支撑，并增加施工人员，缩短结构施工时间。具体资源量化需求见表 7-45。

表 7-45　中警，低度可控资源量化需求表（四）

资源种类	名称	单位	数量	备注
机械	汽车式起重机	台	1	
	打桩机	台	1	
材料	工字钢	米	200	

7）重警，高度可控

（1）预警措施：若在垫层浇筑期间，可在垫层中增加钢筋或缩短垫层浇筑时间。若在结构施工阶段，可增加临时钢支撑，并增加施工人员，缩短结构施工时间。

（2）抢险措施：立即停止土方开挖，在已开挖面加设临时钢支撑。具体资源量化需求见表 7-46。

表 7-46　重警，高度可控资源量化需求表（四）

资源种类	名称	单位	数量	备注
机械	汽车式起重机	台	1	
	打桩机	台	1	
	挖掘机	台	1	
材料	钢支撑构件	吨	10	
	工字钢	米	200	

8）重警，中度可控

抢险措施如下。

（1）采取斜向跟踪注浆管和垂直封闭注浆加固的方案。

（2）应进行地层深部位移监测，加密测点和减少监测时间间隔，进行地层分层沉降、分层水平位移和水位监测。具体资源量化需求见表 7-47。

表 7-47　重警，中度可控资源量化需求表（四）

资源种类	名称	单位	数量	备注
人工	加强监测工作			
机械	灰浆搅拌机	台	1	
	液压注浆泵	台	1	
材料	塑料注浆管	米	100	
	水泥	吨	10	

9）重警，低度可控

抢险措施：对建筑物进行基础托换或加固。具体资源量化需求见表 7-48。

表 7-48　重警，低度可控资源量化需求表（四）

资源种类	名称	单位	数量	备注
机械	灰浆搅拌机	台	1	
	液压注浆泵	台	1	
材料	塑料注浆管	米	100	
	水泥	吨	10	

5. 地下管线错位、开裂故障模式预案等级划分

1）轻警，高度可控

预警措施：开挖并暴露管线，并对其进行悬吊等方式加以保护。具体资源量化需求见表 7-49。

表 7-49　轻警，高度可控资源量化需求表（五）

资源种类	名称	单位	数量	备注
机械	汽车式起重机	台	1	
	电焊设备	组	2	
材料	钢支撑构件	吨	5	

2）轻警，中度可控

预警措施：在施工影响范围内加强对各种管线和悬吊的巡视，加大监测频率。具体资源量化需求见表 7-50。

表 7-50　轻警，中度可控资源量化需求表（五）

资源种类	名称	单位	数量	备注
人工	委托具备相应监测资质的第三方承担监测工作			

3）轻警，低度可控

预警措施：增大支撑刚度。具体资源量化需求见表 7-51。

表 7-51　轻警，低度可控资源量化需求表（四）

资源种类	名称	单位	数量	备注
机械	电焊设备	组	2	
材料	钢支撑构件	吨	5	

4）中警，高度可控

预警措施：检查管线现状是否与交底内容不符，若不符则通知建设单位和有关管线单位到场研究，商议补救措施。

5）中警，中度可控

预警措施：悬吊管线下砌简支墩加固。具体资源量化需求见表 7-52。

表 7-52　中警，中度可控资源量化需求表（五）

资源种类	名称	单位	数量	备注
材料	页岩标砖	块	2 000	
	干拌砂浆	吨	20	

6）中警，低度可控

预警措施：基坑内土体被动区加固。具体资源量化需求见表 7-53。

表 7-53　中警，低度可控资源量化需求表（五）

资源种类	名称	单位	数量	备注
机械	灰浆搅拌机	台	1	
	液压注浆泵	台	1	
材料	塑料注浆管	米	100	
	水泥	吨	10	

7）重警，高度可控

（1）预警措施：基坑内土体被动区加固。

（2）抢险措施：立即将管线靠基坑一侧打槽钢封闭，管线距基坑较近时设支撑架将管线架空，与土体脱离，同时采取调整基坑的施工顺序、施工方法等措施。具体资源量化需求见表 7-54。

表 7-54　重警，高度可控资源量化需求表（五）

资源种类	名称	单位	数量	备注
机械	汽车式起重机	台	1	
	打桩机	台	1	
	挖掘机	台	1	
材料	钢支撑构件	吨	10	
	工字钢	米	200	

8）重警，中度可控

抢险措施：对管线下地基作跟踪注浆，防止管线过量沉降。具体资源量化需求见表 7-55。

表 7-55　重警，中度可控资源量化需求表（五）

资源种类	名称	单位	数量	备注
机械	灰浆搅拌机	台	1	
	液压注浆泵	台	1	
材料	塑料注浆管	米	100	
	水泥	吨	10	

9）重警，低度可控

抢险措施：与管道产权管理单位联系，通知有关管线单位要求抢修。

7.5.3　应急预案分级 FMEA 表

将上述结果进行整理后，形成的 FMEA 表，如表 7-56 所示。

表 7-56　FMEA 分析表

功能	常见故障模式	影响及危害性	监测指标	危害性评价				警度	可控程度	预案内容	
				概率	后果	检测难度	RPN值			预警措施	抢险措施
基坑开挖	地下连续墙渗漏	可能导致基坑积水、坍塌、建筑倒塌等	1. 围护墙（边坡）顶部水平位移 2. 围护墙（边坡）顶部竖向位移 3. 深层水平位移 4. 孔隙水压力 5. 地下水位变化	6	2	6	72	轻警	高	1. 成立接缝巡视小组，加强巡视 2. 加强对围护墙（边坡）顶部水平位移等监测指标的监测	
									中	1. 加强对围护墙（边坡）顶部水平位移等监测指标的监测 2. 对周边建筑采用注浆预加固	
									低	1. 加强对围护墙（边坡）顶部水平位移等监测指标的监测 2. 基坑内设置分仓隔墙 3. 检查开挖进度并严格控制开挖速度	
								中警	高	1. 加强对围护墙（边坡）顶部水平位移等监测指标的监测 2. 检查基坑外2~5米范围是否停放重型机械或集中堆放较大荷载，并对荷载进行清除	
									中	1. 加强对围护墙（边坡）顶部水平位移等监测指标的监测 2. 基坑周边地连墙外侧接缝采用双重管旋喷桩止水 3. 检查基坑外2~5米范围是否停放重型机械或集中堆放较大荷载，并对荷载进行清除	
									低	1. 加强对围护墙（边坡）顶部水平位移等监测指标的监测 2. 基坑周边地连墙外侧接缝采用双液注浆止水	

续表

功能	常见故障模式	影响及危害性	监测指标	危害性评价					可控程度	预案内容	
				概率	后果	检测难度	RPN值	警度		预警措施	抢险措施
基坑开挖	地下连续墙渗漏	可能导致积水、塌坍、建筑物倒塌等	1. 围护墙(边坡)顶部水平位移 2. 围护墙(边坡)顶部竖向位移 3. 深层水平位移 4. 孔隙水压力 5. 地下水位变化	6	2	6	72	重警	高	1. 加强对围护墙(边坡)顶部水平位移等监测指标的监测 2. 基坑周边地连墙外侧接缝采用双液注浆止水	1. 当渗水量较小且不影响施工也不影响坑周边环境时,可在坑底设置排水沟 2. 不具有明显水压力时,可通过加注聚氨脂进行封堵,或在对地下连续墙面进行堵漏剥凿清理后用堵漏灵或硬质水泥封堵
									中		当具有明显较大的水压力渗漏较轻微时,可在基坑外侧注浆堵漏
									低		1. 当具有明显水压力面渗漏严重时,在基坑外侧进行双液速凝注浆 2. 当严重漏水导致围护结构有较大变形时,用坑内加载的方式保证基坑安全

续表

功能	常见故障模式	影响及危害性	监测指标	危害性评价				预案内容			
				概率	后果	检测难度	RPN值	警度	可控程度	预警措施	抢险措施
基坑开挖	支撑失稳	可能引发支撑体系崩溃，基坑坍塌，站车失稳	1. 围护墙（边坡）顶部水平位移 2. 围护墙（边坡）顶部竖向位移 3. 深层水平位移 4. 立柱竖向位移 5. 支撑内力 6. 围护墙内力 7. 立柱内力 8. 锚杆内力	6	6	6	216	轻警	高	对钢支撑采取吊护措施严防钢支撑坠落	
									中	1. 加强对支撑立柱的监测，若立柱隆起过大时，可对立柱与支撑的 U 形抱箍进行调整，从而让因立柱隆起产生的过大次应力得到释放	
									低	渐缓开挖，稳定变形	
								中警	高	加密监测点，加强对支撑体系、周边地表地物的监测，尤其应当重视对围护结构内力、位移的监测	
									中	复加预应力	
									低	增加临时支撑	

续表

功能	常见故障模式	影响及危害性	监测指标	危害性评价				警度	可控程度	预案内容	
				概率	后果	检测难度	RPN值			预警措施	抢险措施
基坑开挖	支撑失稳	可能引发支撑体系崩溃、车站基坑失稳、坍塌	1. 围护墙（边坡）顶部水平位移 2. 围护墙（边坡）顶部竖向位移 3. 深层水平位移 4. 立柱竖向位移 5. 支撑内力 6. 围护墙内力 7. 立柱内力 8. 锚杆内力	6	6	6	216	重警	高	1. 增加临时支撑 2. 复加预应力	应对支撑柱进行加撑补强，复查周围原因，寻找失稳的原因，抢险的同时，立即会同设计单位、监理单位等相关人员商定解决方案
									中		应对支撑柱进行加撑补强，复查周围原因，寻找失稳的原因，抢险的同时，立即会同设计单位、监理单位等相关人员商定解决方案
									低		采取基坑外削坡减载，基坑内回填土方；加强的措施；如果土体护结构背后发生土体流失，要立即填充砼或砂，复查周围支撑，寻找失稳原因

续表

功能	常见故障模式	影响及危害性	监测指标	危害性评价				警度	预案内容		
				概率	后果	检测难度	RPN值		可控程度	预警措施	抢险措施
基坑开挖	承压水突涌	可能引发坡向基坑积水、车站基坑失稳	1.围护墙（边坡）顶部竖向位移 2.地下水位变化 3.土压力	6	2	6	72	轻警	高	检查是否超挖，严格控制挖掘深度	
									中	重新分析地质勘察报告，找出可能突涌的承压水层，分析原因	
									低	加强基底回弹的监测、地下水位观测	
								中警	高	加强基底回弹的监测、地下水位观测	
									中	施做止水帷幕	
									低	启动降压井降压	
								重警	高	启动降压井降压	对涌水处进行注浆封堵。在管涌位置插入较大口径的导流管，再用压力注浆机在导流管四周注入水泥浆，使四周周土体封闭，最后封管涌堵流，完成管涌堵流后加强降水、再进行土方开挖
									中		设置高压旋喷桩对坑底土层加固
									低		采取回填土压载措施

续表

功能	常见故障模式	影响及危害性	监测指标	危害性评价				预案内容			
				概率	后果	检测难度	RPN值	警度	可控程度	预警措施	抢险措施
基坑开挖	周围建筑物沉降、变形	可能导致邻近建筑物倒塌、路面交通中断等，对第三方造成破坏	1. 邻近建筑物位移，2. 裂缝宽度	4	6	6	144	轻警	高	严格控制降水量，采取分层、分部位降水	
									中	加强监控量测，基坑土方开挖至结构完成前，密切注意基坑围护结构的水平位移	
									低	基坑开挖过程中加强围挡水，减小楼房附近的地下水流失	
								中警	高	对基坑周边房屋进行和阀管预注浆处理或打隔离桩	
									中	控制压密注浆速度	
									低	若在垫层浇筑期间，可在垫层中增加钢筋或缩短垫层浇筑时间。若在结构施工阶段，可增加施工人员、并增加施工时间	
								重警	高	若在垫层浇筑期间，可在垫层中增加钢筋或缩短垫层浇筑时间。若在结构施工阶段，可增加施工人员、并增加施工时间	立即停止上方开挖；在已开挖部位加设临时钢支撑
									中		1. 采取斜向跟踪注浆和垂直封闭注浆加固的方案 2. 应进行地层深部位移监测、加密监测点同时和减少监测时间分隔，进行地层分层位移，分层水平位移和水位监测
									低		对建筑物进行基础托换或加固

续表

功能	常见故障模式	影响及危害性	监测指标	危害性评价				预案内容			
				概率	后果	检测难度	RPN值	警度	可控程度	预警措施	抢险措施
基坑开挖	地下管线错位、开裂	可能导致管道泄漏，对第三方造成破坏	地下管线沉降变形	4	4	6	96	轻警	高	开挖并暴露管线，并对其进行悬吊等方式加以保护	
									中	在施工影响范围内加强对各种管线和悬吊的巡视，加大监测频率	
									低	增大支撑刚度	
								中警	高	检查管线现状是否与交底内容相符，若不符则商议通知建设单位和有关管线单位到现场研究、补救措施	
									中	悬吊管线下砌筒支墩加固	
									低	基坑内土体被动区加固	
								重警	高	基坑内土体被动区加固	立即将管线靠基坑一侧打槽钢封闭，管线距基坑较近时设支撑架将管线架空，与土体脱离，同时采取调整基坑的方法等措施，施工顺序
									中		对管线下地基作跟踪注浆，防止管线过量沉降
									低		与管道产权管理单位联系，通知有关抢修单位要求抢修

7.6　地铁×号线某站主体基坑工程实例

7.6.1　工程概述

地铁×号线为地下三层式站台车站，设计里程为 DK10＋649.528～DK10＋797.578。规划为 T 型换乘，双层结构。车站线间距为 15.50 米，标准段基坑深 23.05 米，大里程盾构井段基坑深 24.6 米，小里程盾构井深 24.9 米。车站设有 4 个出入口及 2 个风道。总建筑面积为 13 865.3 平方米，其中主体结构建筑面积为 10 687.1 平方米，出入口及风道建筑面积为 3 169.2 平方米。

7.6.2　临近建、构筑物情况

由于站址为市郊结合部，车站周围无高大建筑物，均为旧式平房。站址内单层砖房已全部实现拆迁。主体基坑东西侧距平房最近距离为 31 米。站址东南侧距北环铁路约为 40 米，西北侧距玉成立 7 层住宅小区约为 47 米，距下卫道为 25 米。车站站址内无重大地下管线。

7.6.3　可控度的计算

当基坑开挖到第三层时，地下连续墙有渗漏的迹象，根据第三方监测数据的记录，当时地下连续墙故障模式的监测数据如下。

$$围护墙（边坡）顶部水平位移＝29.985\,13$$
$$围护墙（边坡）顶部竖向位移＝19.997\,78$$
$$深层水平位移＝49.665\,45$$
$$孔隙水压力＝0.694\,986$$
$$地下水位变化＝910.441\,1$$

1. 建立常见故障模式的监测指标警度物元模型

$$
R_1^1 = \begin{bmatrix}
重警 & 围护墙（边坡）顶部水平位移 & (29.985,\ 30] \\
 & 围护墙（边坡）顶部竖向位移 & (19.97,\ 20] \\
 & 深层水平位移 & (49.97,\ 50] \\
 & 孔隙水压力 & (69.97\%f_1,\ 70\%f_1] \\
 & 地下水变化 & (997,\ 1000]
\end{bmatrix}
$$

$$R_2^1 = \begin{bmatrix} 中警 & 围护墙（边坡）顶部水平位移 & [29.55，29.985) \\ & 围护墙（边坡）顶部竖向位移 & [19.1，19.97) \\ & 深层水平位移 & [49.1，49.97) \\ & 孔隙水压力 & [69.1\%f_1，69.97\%f_1) \\ & 地下水变化 & [910，997) \end{bmatrix}$$

$$R_3^1 = \begin{bmatrix} 轻警 & 围护墙（边坡）顶部水平位移 & [25，29.55) \\ & 围护墙（边坡）顶部竖向位移 & [10，19.1) \\ & 深层水平位移 & [40，49.1) \\ & 孔隙水压力 & [60\%f_1，69.1\%f_1) \\ & 地下水变化 & (0，910) \end{bmatrix}$$

$$R_4^1 = \begin{bmatrix} 无警 & 围护墙（边坡）顶部水平位移 & [0，25) \\ & 围护墙（边坡）顶部竖向位移 & [0，10) \\ & 深层水平位移 & [0，40) \\ & 孔隙水压力 & [0，60\%f_1) \\ & 地下水变化 & [0] \end{bmatrix}$$

可知，其经典域为

$V^1{}_{11} = (29.985，30]$，$V^1{}_{12} = (19.97，20]$，$V^1{}_{13} = (49.97，50]$，$V^1{}_{14} = (0.6997，0.7]$，$V^1{}_{15} = (997，1000]$；$V^1{}_{21} = [29.55，29.985)$，$V^1{}_{22} = [19.1，19.97)$，$V^1{}_{23} = [49.1，49.97)$，$V^1{}_{24} = [0.691，0.6997)$，$V^1{}_{25} = [910，997)$；$V^1{}_{31} = [25，29.55)$，$V^1{}_{32} = [10，19.1)$，$V^1{}_{33} = [40，49.1)$，$V^1{}_{34} = [0.6，0.691)$，$V^1{}_{35} = (0，910)$；$V^1{}_{41} = [0，25)$，$V^1{}_{42} = [0，10)$，$V^1{}_{43} = [0，40)$，$V^1{}_{44} = [0，0.6)$，$V^1{}_{45} = [0]$

根据经典域确定的节余域为

$V^1{}_{i1} = [0，30]$，$V^1{}_{i2} = [0，20]$，$V^1{}_{i3} = [0，50]$，$V^1{}_{i4} = [0，0.7]$，$V^1{}_{i5} = [0，1000]$

2. 建立警情现状物元模型

$$R_1^{t1}_{\sim} = \begin{bmatrix} 警度 & 围护墙（边坡）顶部水平位移 & 29.985\,13 \\ & 围护墙（边坡）顶部竖向位移 & 19.997\,78 \\ & 深层水平位移 & 49.665\,45 \\ & 孔隙水压力 & 0.694\,9\,86 \\ & 地下水变化 & 910.441\,1 \end{bmatrix}$$

3. 计算关联函数值

带入式（6-2）～式（6-5），可计算出关联函数值为重警：

$U^1{}_{11}=0.0,\ U^1{}_{12}=0.1,\ U^1{}_{13}=-0.5,\ U^1{}_{14}=-0.5,\ U^1{}_{15}=-0.5$

中警：

$U^1{}_{21}=0.0,\ U^1{}_{22}=-0.9,\ U^1{}_{23}=0.3,\ U^1{}_{24}=0.4,\ U^1{}_{25}=0.0$

轻警：

$U^1{}_{31}=-1.0,\ U^1{}_{32}=-1.0,\ U^1{}_{33}=-0.6,\ U^1{}_{34}=-0.4,\ U^1{}_{35}=0.0$

无警：

$U^1{}_{41}=-1.0,\ U^1{}_{42}=-1.0,\ U^1{}_{43}=-1.0,\ U^1{}_{44}=-0.9,\ U^1{}_{45}=-0.9$

4. 确定故障模式监测指标的权重 λ_{ij}

采用 0-4 法，通过两两比较指标的重要程度来确定故障模式监测指标的权重。具体步骤为：将 F_i（第 i 个监测指标）与 F_j（第 j 个监测指标）做比较，若第 i 个监测指标相对于第 j 个监测指标绝对重要，则第 i 个监测指标得 4 分，第 j 个监测指标得 0 分；若第 i 个监测指标相对于第 j 个监测指标较重要，则第 i 个监测指标得 3 分，第 j 个监测指标得 1 分；若第 i 个监测指标与第 j 个监测指标同等重要，则各得 2 分。最后对各个监测指标的得分进行汇总和归一化处理，如表 7-57 所示。

表 7-57 地墙渗漏故障模式监测指标权重打分表

项目	F_1	F_2	F_3	F_4	F_5	总分	权重
F_1	2	3	4	4	4	17	0.34
F_2	1	2	4	4	4	15	0.3
F_3	0	0	2	3	3	8	0.16
F_4	0	0	1	2	2	5	0.1
F_5	0	0	1	2	2	5	0.1

注：F_1 表示围护墙（边坡）顶部水平位移；F_2 表示围护墙（边坡）顶部竖向位移；F_3 表示深层水平位移；F_4 表示孔隙水压力；F_5 表示地下水位变化

5. 计算可控度 $K(I_i)$

根据式（6-6）计算得到

$$K(I_1)=0.0\times0.34+0.1\times0.3+(-0.5)\times0.16+(-0.5)\times0.1$$
$$+(-0.5)\times0.1$$
$$=-0.15$$

$$K(I_2)=0.0\times0.34+(-0.9)\times0.3+0.3\times0.16+0.4\times0.1$$
$$+0.0\times0.1$$
$$=-0.182$$

$$K(I_3) = (-1.0) \times 0.34 + (-1.0) \times 0.3 + (-0.6) \times 0.16$$
$$+ (-0.4) \times 0.1 + 0.0 \times 0.1$$
$$= -0.776$$

$$K(I_4) = (-1.0) \times 0.34 + (-1.0) \times 0.3 + (-1.0) \times 0.16$$
$$+ (-0.9) \times 0.1 + (-0.9) \times 0.1$$
$$= -0.98$$

由于 $K(I_1)$、$K(I_2)$、$K(I_3)$、$K(I_4)$ 均处于（-1，0）区间，没有大于 0 的正数存在，因此其中最大的 $K(I_i)$ 所在的警情的警度就为此时的警度，即取 $K(I_1) = -0.15$，警度为重警。若以将警情控制到无警为目的，那么 $K(I_4)$ 为此时的可控度，即可控度为 $K(I_4) = -0.98$，$K(I_4) \subset (-0.9, -1)$，为低度可控；若以将警情降低一级为目的，那么 $K(I_{i+1})$ 为此时的可控度，即可控度为 $K(I_2) = -0.182$，$K(I_2) \subset (0, -0.7]$，为高度可控。

7.6.4　应急预案的输出

（1）以将警情控制到无警为目的，此时为重警，低度可控，对应的预案措施、资源种类及强度如下。

抢险措施：①当具有明显水压力而渗漏较严重时，在基坑外侧进行双液速凝注浆；②当严重漏水导致围护结构有较大变形时，用坑内加载的方式保证基坑安全。具体资源量化需求见表 7-58。

表 7-58　资源量化需求表（二）

序号	资源种类	名称	单位	数量	备注
抢险措施	机械、设备	旋喷桩机	台	1	
		灰浆搅拌机	台	1	
		液压注浆泵	台	1	
		挖掘机	台	2	
	材料	塑料注浆管	米	100	
		水泥	吨	10	
		砂袋	包	50	

（2）以将警情降低一级为目的，此时为重警，高度可控，对应的预案措施及资源种类及强度如下：①预警措施包括加强对围护墙（边坡）顶部水平位移等监测指标的监测；基坑周边地连墙外侧接缝采用双液注浆止水。②抢险措施包括当渗水量较小且不影响施工也不影响周边环境时，可在坑底设排水沟；不具有明显水压力时，可通过加注聚氨酯进行封堵，或在对地下连续墙面进行剔凿清理后用

堵漏灵或快硬水泥封堵。具体资源量化需求见表 7-59。

表 7-59　资源量化需求表（三）

序号	资源种类	名称	单位	数量	备注
预警、抢险措施	人工	委托具备相应监测资质的第三方承担监测工作			
	机械、设备	旋喷桩机	台	1	
		灰浆搅拌机	台	1	
		液压注浆泵	台	1	
	材料	水泥	吨	10	
		剔凿工具	个	若干	
		堵漏灵	千克	50	

7.7　本章小结

本章通过将警度及可控度引入地铁施工应急预案的研究中，用 FMEA 方法识别出常见的故障模式，并根据故障的严重程度（警度）及可控制程度（可控度）的大小对每种故障模式分级制定相应的预警预案、资源配备、预警组织措施，通过细化各级预案，解决预案定量化研究的难题，提高预案启动级别、反应速度和启动强度的准确性，明确预案所需资源种类、资源强度，并通过具体实例进行验证。预案输出子系统降低故障模式的发生率，减少故障发生所带来的危害，具有较大的理论意义和现实意义。警情预案输出子系统的贡献主要体现在以下几个方面。

1) 实现分级预案研究的定量化

利用可拓理论中两个重要的理论工具，即警度及可控度，对各警兆监测指标进行定量计算。使预案的编制从定性化跨度到定量化，由主观性到数据支撑的科学性，实现分级预案研究的定量化，加快预案工作的启动，并对各级预案启动的准确性也有提高。

2) 采用 FMEA 方法分析风险从而分级细化应急预案

FMEA 方法是一种有前瞻性的可靠性分析和安全性评估方法，其主要作用是发现和评价生产过程潜在故障模式和失效后果，找到能够减少这些潜在失效后果的措施。

3) 制定不同警度及可控度对应预案措施配备的资源强度

为解决地铁施工灾害预案配备资源需求的量化问题，制定不同警度和可控度对应预案措施所需的资源强度，有的放矢地调集资源。本研究对 6 项地铁建设项目的招标文件的措施费，20 项工程保险应急措施费的理赔案例进行了归纳总结，按照建设工程工程量估算计算方法，得出了人、材、机的资源量，从而保证预案工作的有效实施。

第8章 地铁施工灾害预警系统的实现

8.1 预警系统实现概述

本章针对第 3 章提出的系统设计方案，综合第 4、5、6、7 章各章的理论与工具应用的研究成果，为建立预警的计算机系统实现提供引导和指南，为广大实践者更好吸取本研究的经验，借鉴其中的理论成果提供帮助。

本研究的预警系统其建立思路为：结合理论假设、预警系统设计理论和各子系统建立的指标、诊断模型、预案库等研究成果，在应用过程中嵌入具体省市的 GIS，使管理人员及监测人员能更形象、更立体地观察到地铁施工点位的实际地形、监测点位置，进而提高管理效率和监控力度。地理信息系统是一种利用计算机为工具，地理空间数据库为基础，对空间数据进行采集、存储、管理、操作、分析、模拟和显示，适时提供空间和地理位置信息的管理系统。

基于第 3 章中对地铁施工灾害预警系统设计理论、系统框架、系统设计的研究，本章重在为系统的实现方法和路径提供指南（系统运行的网络拓扑结构详见第 8 章图 8-5）。主要针对地铁施工灾害预警系统的三大子系统的运行过程进行详细阐述，包括数据采集及数据库系统、警情判断子系统运行过程和警情预案输出子系统运行过程，如图 8-1 所示。

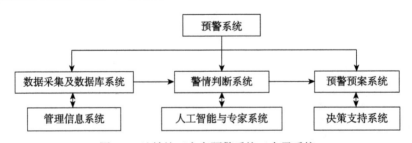

图 8-1 地铁施工灾害预警系统三大子系统

8.2　警兆输入子系统运行

　　警兆输入子系统作为整个地铁施工灾害预警系统的首要系统，是地铁施工灾害预警系统运行的开端。该子系统亦称为数据采集及数据库系统，是采集数据的端口，也是实现人机交互的平台。建立警兆输入子系统的关键在于选取的监测指标能够准确无误地反应警情变化，以及将所选取的监测指标汇总形成监测指标后台数据库，作为系统筛选警兆监测指标的后台支撑。

　　建立指标后台数据库的具体步骤则是第 5 章研究的警兆指标的确定和指标阈划分的全过程，大致过程如下：将地铁施工灾害历史数据和地铁施工前勘察设计数据输入后台数据库，通过建立关联规则来建立警兆监测指标，再基于相关国家现行标准的规定、部分地方标准的报警指标及工程实践经验，从而确定了警兆监测指标阈，并划分警限，并成为预警诊断标准模型作为后台监测指标数据库的核心，当施工人员或管理人员在系统上输入监测数据时会自动进入后台数据库进行相应的比对和运算。当监测信息输入后能够与后台数据库的指标阈进行匹配比对，看是否超过阈值，如果在指标阈值内则无警情，如果超过指标阈则有警情。警兆输入子系统的运行图如图 8-2 所示。

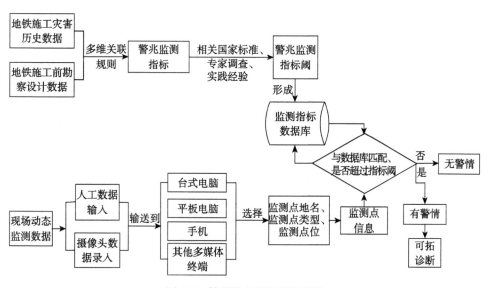

图 8-2　警兆输入子系统运行图

　　依据警兆输入子系统的运行原理，在实际操作过程中，系统将生成如下两个操作步骤。

(1) 数据监测点的选择。

管理人员或监测人员借助台式电脑、平板电脑、手机或其他多媒体终端，选择输入的监测点地名、监测点类型和监测点位。

(2) 数据录入。

管理人员或监测人员将通过人工采集的数据及摄像头采集的数据输入系统，一一对应监测点地名、监测点类型和监测点位。系统识别并记录所输入的监测点信息，进而进行比对，同时系统又将存储本次监测信息，形成各监测点的监测历史信息数据库，完善后台数据库。最后，系统在管理人员或监测人员的操作后将形成一份监测数据报表，如表 8-1～表 8-3 所示。表 8-1 沉降监测报表中记录了各监测点的初始值、上次高程、本次高程和变化速率，表 8-2 水平监测报表中记录了本次数据和上次累计数据等，表 8-3 位移监测报表中记录了不同管口深度的本次位移、上次位移和位移速率。这使管理人员或监测人员更容易进行监控，也提高了监测信息的处理速度。

表 8-1　某地铁换乘站基坑开挖墙顶地面沉降监测报表

<table>
<tr><td colspan="9" align="center">某地铁换乘站基坑开挖墙顶地面沉降监测报表</td></tr>
<tr><td align="center">工程名称</td><td colspan="6" align="center">××地铁×号线××地铁某换乘站基坑监测</td><td align="center">报表编号</td><td align="center">1</td></tr>
<tr><td colspan="7" align="center">施工合同段：××地铁×号线工程单位委托监测合同段</td><td align="center">风险单元</td><td align="center">墙顶地面沉降</td></tr>
<tr><td align="center">测读时间</td><td colspan="6" align="center">2012 年 6 月 23 日</td><td align="center">天气状况</td><td align="center">晴</td></tr>
<tr><td>测量范围
测点编号</td><td align="center">初始值/
毫米</td><td align="center">上次高程/
毫米</td><td align="center">本次高程/
毫米</td><td align="center">上次累计量/
毫米</td><td align="center">本次累计量/
毫米</td><td align="center">本次变化量/
毫米</td><td align="center">变化速率/（毫米/2 天）</td><td align="center">备注</td></tr>
<tr><td align="center">DC13-1</td><td align="center">1 371.05</td><td align="center">1 371.05</td><td align="center">1 371.05</td><td align="center">0.00</td><td align="center">0.00</td><td align="center">0.00</td><td align="center">0.00</td><td></td></tr>
<tr><td align="center">2</td><td align="center">1 745.55</td><td align="center">1 745.55</td><td align="center">1 745.55</td><td align="center">0.00</td><td align="center">0.00</td><td align="center">0.00</td><td align="center">0.00</td><td></td></tr>
<tr><td align="center">3</td><td align="center">1 800.55</td><td align="center">1 800.55</td><td align="center">1 800.55</td><td align="center">0.00</td><td align="center">0.00</td><td align="center">0.00</td><td align="center">0.00</td><td></td></tr>
<tr><td align="center">4</td><td align="center">1 900.75</td><td align="center">1 900.75</td><td align="center">1 900.75</td><td align="center">0.00</td><td align="center">0.00</td><td align="center">0.00</td><td align="center">0.00</td><td></td></tr>
<tr><td align="center">5</td><td align="center">1 630.95</td><td align="center">1 630.95</td><td align="center">1 630.95</td><td align="center">0.00</td><td align="center">0.00</td><td align="center">0.00</td><td align="center">0.00</td><td></td></tr>
<tr><td align="center">DC12-1</td><td align="center">1 357.50</td><td align="center">1 357.50</td><td align="center">1 357.50</td><td align="center">0.00</td><td align="center">0.00</td><td align="center">0.00</td><td align="center">0.00</td><td></td></tr>
<tr><td align="center">2</td><td align="center">1 704.50</td><td align="center">1 704.50</td><td align="center">1 704.50</td><td align="center">0.00</td><td align="center">0.00</td><td align="center">0.00</td><td align="center">0.00</td><td></td></tr>
<tr><td align="center">3</td><td align="center">1 647.50</td><td align="center">1 647.50</td><td align="center">1 647.50</td><td align="center">0.00</td><td align="center">0.00</td><td align="center">0.00</td><td align="center">0.00</td><td></td></tr>
<tr><td align="center">4</td><td align="center">1 703.00</td><td align="center">1 703.00</td><td align="center">1 703.00</td><td align="center">0.00</td><td align="center">0.00</td><td align="center">0.00</td><td align="center">0.00</td><td></td></tr>
<tr><td align="center">5</td><td align="center">1 721.00</td><td align="center">1 721.00</td><td align="center">1 721.00</td><td align="center">0.00</td><td align="center">0.00</td><td align="center">0.00</td><td align="center">0.00</td><td></td></tr>
</table>

续表

某地铁换乘站基坑开挖墙顶地面沉降监测报表

工程名称	××地铁×号线××地铁某换乘站基坑监测						报表编号	1
施工合同段：××地铁×号线工程单位委托监测合同段							风险单元	墙顶地面沉降
测读时间	2012 年 6 月 23 日						天气状况	晴
测量范围 测点编号	初始值/ 毫米	上次高程/ 毫米	本次高程/ 毫米	上次累计量/ 毫米	本次累计量/ 毫米	本次变化量/ 毫米	变化速率/（毫米/2天）	备注
DC5-1	1 361.25	1 361.25	1 361.25	0.00	0.00	0.00	0.00	
2	1 863.00	1 863.00	1 863.00	0.00	0.00	0.00	0.00	
3	1 849.50	1 849.50	1 849.50	0.00	0.00	0.00	0.00	
4	1 856.45	1 856.45	1 856.45	0.00	0.00	0.00	0.00	
5	1 916.00	1 916.00	1 916.00	0.00	0.00	0.00	0.00	
DC6-1	1 434.00	1 434.00	1 434.00	0.00	0.00	0.00	0.00	
2	1 724.00	1 724.00	1 724.00	0.00	0.00	0.00	0.00	
3	1 775.00	1 775.00	1 775.00	0.00	0.00	0.00	0.00	
4	1 849.30	1 849.30	1 849.30	0.00	0.00	0.00	0.00	
5	2 095.00	2 095.00	2 095.00	0.00	0.00	0.00	0.00	
DC11-1	1 446.55	1 446.55	1 446.55	0.00	0.00	0.00	0.00	
2	1 647.50	1 647.50	1 647.50	0.00	0.00	0.00	0.00	
3	1 662.00	1 662.00	1 662.00	0.00	0.00	0.00	0.00	
4	1 623.75	1 623.75	1 623.75	0.00	0.00	0.00	0.00	
5	1 755.00	1 755.00	1 755.00	0.00	0.00	0.00	0.00	
DC10-1	1 459.00	1 459.70	1 459.00	0.70	0.00	−0.70	−0.35	
2	1 489.00	1 489.00	1 489.00	0.00	0.00	0.00	0.00	
3	1 429.00	1 429.00	1 429.00	0.00	0.00	0.00	0.00	
4	1 428.00	1 428.00	1 428.00	0.00	0.00	0.00	0.00	
5	1 563.55	1 563.55	1 563.55	0.00	0.00	0.00	0.00	

监测时程变化及地面曲线图：

监测时施工工况：基坑降水

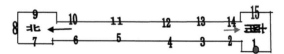

监测简要总结分析及判断性结论：沉降初始值

测读人员：×××　　　　　　　　×××　　　　　　　　工程监测负责人：×××

监测单位：×××　　　　　　　　　　　　　　　　第 2 页　　共 5 页

表 8-2 地连墙顶部水平位移监测日报表

地连墙顶部水平位移监测日报表

工程名称	地铁×号线某换乘站					
监测项目	地连墙顶水平位移					
监测人员	×××、×××					
监测时间	2012 年 6 月 23 日					
天气状况	晴					
报表编号	5					
仪器型号	尼康 320					
监测点号	初始值/米	上次累计变化量/毫米	本次累计变化量/毫米	本次变化量/毫米	变化速率/(毫米/天)	备注
SP1x	307 226.807					
sp1y	100 983.098					
SP2x	307 239.802					
sp2y	100 976.248					
SP3x	307 259.213					
sp3y	100 963.355					
SP4x	307 281.036					
sp4y	100 949.241					
SP5x	307 298.575					
sp5y	100 937.877					
SP6x	307 318.514					
sp6y	100 924.536					
SP7x	307 331.502					
sp7y	100 913.052					
SP8x	307 350.115					监测结论
sp8y	100 917.477					
SP9x	307 349.652					
SP10x	307 329.583					
sp10y	100 942.967					
SP11x	307 314.551					
sp11y	100 952.720					
SP12x	307 294.787					
sp12y	100 956.879					
SP13x	307 270.872					
sp13y	100 981.862					
SP14x	307 250.730					
sp14y	100 994.881					
SP15x	307 238.399					
sp15y	101 006.074					

监测单位：×××　　　　　　　　　工程负责人：×××　　　　　　　　　共 1 页

表 8-3　地连墙墙体位移监测日报表

地连墙墙体位移监测日报表

项目名称	××地铁××线××站
监测项目	墙体水平位移（测斜）
测读人员	×××、×××
测读时间	2012 年 6 月 23 日
报表编号	1

测点编号：25 幅 CX15　　　　　　　　　　　　备注：

警戒值累计 24 毫米

深度/米	累计位移量/毫米		位移速率
	上次位移	本次位移	（毫米/天）
管口	0.00	0.00	0.00
−1	0.00	0.00	0.00
−2	0.00	0.00	0.00
−3	0.00	0.00	0.00
−4	0.00	0.00	0.00
−5	0.00	0.00	0.00
−6	0.00	0.00	0.00
−7	0.00	0.00	0.00
−8	0.00	0.00	0.00
−9	0.00	0.00	0.00
−10	0.00	0.00	0.00
−11	0.00	0.00	0.00
−12	0.00	0.00	0.00
−13	0.00	0.00	0.00
−14	0.00	0.00	0.00
−15	0.00	0.00	0.00
−16	0.00	0.00	0.00
−17	0.00	0.00	0.00
−18	0.00	0.00	0.00
−19	0.00	0.00	0.00
−20	0.00	0.00	0.00
−21	0.00	0.00	0.00
−22	0.00	0.00	0.00
−23	0.00	0.00	0.00
−24	0.00	0.00	0.00
−25	0.00	0.00	0.00
−26	0.00	0.00	0.00
−27	0.00	0.00	0.00
−28	0.00	0.00	0.00
−29	0.00	0.00	0.00
−30	0.00	0.00	0.00

结论及建议：

施工单位意见：

8.3　警情判断子系统运行

警情判断子系统是地铁施工灾害预警系统的核心部分，其判断警情的正误将直接关系到整个预警系统运行结果的准确性，即关系到该预警系统是否能够应用于地铁施工过程。因此该子系统必须达到能够对输入数据进行客观、准确计算的水平，并发出预警信息。

警情判断子系统在警兆输入子系统发现警情的基础上投入运行工作状态，其警情诊断过程如下：若是单个警兆指标导致警情发生则不需进行关联度计算警度，会直接报警；若多个警兆指标输入，即多因素共同作用于某一种施工状态时，对其作用后果，即是否有警情的判断就尤为重要。此时系统后台的警情判断模型则必须开始进行关联运算进行可拓综合诊断，确定是否有警情。当多警兆指标警情判断时，根据第 6 章研究成果建立的可拓诊断模型数据库就会发挥作用进行可拓理论运算，对发生概率最大的事故有必要进行二次可拓演算，直至划分出警度和可控度，其中警度分为重警、中警、轻警；可控度分为高度可控、中度可控、低度可控。警情判断子系统运行图如图 8-3 所示。

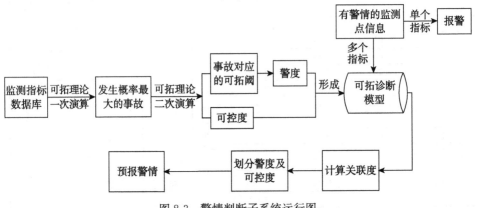

图 8-3　警情判断子系统运行图

警情判断子系统，能够通过后台建立的可拓诊断模型快速运算，快速判断警情，并通过多维媒体方式发出警报，让管理人员、施工人员能够在第一时间快速发现警情，以便采取预案。管理人员或监测人员将监测点信息输入系统之后，经过警情判断子系统，如果存在警情，系统将自动生成一个警情提示信息，适时提醒管理人员或监测人员。同时管理人员或监测人员可以通过操作了解到具体报警信息，包括出险时间，内容，重警、中警或轻警等。除此之外，还可通过该系统，从数据库中调用历史信息数据。

8.4　警情预案输出子系统运行

警情预案输出子系统作为地铁施工灾害预警系统的最后一个子系统，其输出成果将直接用于地铁施工预警中，预案措施的合理性和准确性是该子系统需要解决的一个问题。从信息管理系统的角度来说，要求该系统必须具备以下特性：及时报警、快速反应、输出预案、不遗漏和全覆盖。该系统在研发时要充分考虑各个主体的权限和实现方式，能做到让各个管理人员及时听到、看到报警信息。无论是手机、电子邮箱、电脑等各种终端都能收到报警信息，从而形成快速反应机制，采取预案措施及时控制警情，该系统的运行是对第 6 章研究成果的验证。警情预案输出子系统运行图如图 8-4 所示。

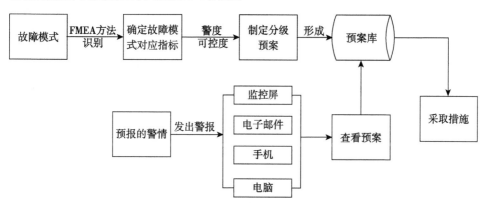

图 8-4　警情预案输出子系统运行图

由图 8-4 可知，预案库是该系统得以报警的核心组件，预案库的运行是来验证研究成果。其主要工作内容是通过 FMEA 方法对常用的故障模式进行识别，确定故障模式对应的指标，并对警度和可控度制定分级预案，并列出不同警度及可控度对应预案措施所需要的资源的种类及其强度。作为地铁施工灾害预警系统的最后一个子系统，承载着决策支持的作用，在系统输入的监测数据一旦被确认为有警情的状态，预案数据库可立即提出相应的预案及应急措施。

警情预案输出子系统在监测信息经过后台分析运算后，一旦存在警情将提供相应的预案为处理警情故障的工作人员提供预案措施，预报的警情可以在监控中心大屏及时显示，并在手机、手提电脑、平板电脑和台式电脑等各种媒体终端均能收到相应的预警信息，其预警信息主要包括故障类型、警度、可控度、预案措施和控制措施。由于预警信息的发布和措施内容较为具体，因此现场管理人员可及时组织、指挥、协调相应的事务并调动周边的预备对地铁施工灾害进行消警处理，将事故损失控制在最小范围内。

通过整个系统运行流程图，可以清晰地看到警情预案输出子系统在整个系统中的地位和作用，如图 8-5 所示。

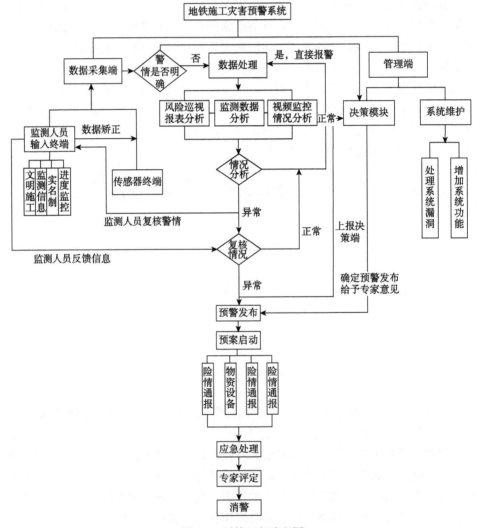

图 8-5　系统运行流程图

从图 8-5 中还可以看出，地铁施工灾害预警系统经过完成数据录入和预警系统的数据采集和整理分析、警情分析与判断（决策模块），进行预警发布即输出报警提示信号并发布报警信息，各部门在收到警情后，按照报警信息中的预案提示快速响应并实施应急处理，待处理完毕后经专家评估一旦达到安全状态即可取消警情。至此地铁施工灾害预警系统的全部功能运行完毕。

8.5　本章小结

本章为地铁施工灾害预警系统的实现提供了方法和路径，间接地为系统编程人员提供了理论指导和编程思路。整个系统在警兆指标后台数据库、可拓诊断模型后台数据库、预案库的支撑下，能够快速地计算警兆指标间的关联性、警度、可控度，从而快速启动预案。具体体现在以下几个方面。

（1）基于非线性映射理论提出应找到地铁施工灾害事故的关键风险因素并利用关联规则算法筛选出关键警兆监测指标，该指标体系作为地铁施工灾害预警系统的后台指标数据库，能够确切地反映施工风险的实际情况，提高警情判断能力。

（2）利用可拓理论建立预警判断模型工具，并引用可控度的概念和定量方法，对灾害的可控度、警度及时准确预报。

（3）在系统输出部分实现了应急提示与后台预案的对接，并将预案系统的资源配置进行量化，为实际操作、监督检查和落实防控等提供决策咨询。

（4）在施工实践中，系统编程人员在系统实现过程中可多方与地铁施工方进行沟通协调，可有针对性地根据具体实际情况来进行系统编程，使地铁施工灾害预警系统实现最大实用价值。

参考文献

［1］周健，王亚飞．现代城市建设工程风险与保险［M］．北京：人民交通出版社，2005

［2］潘洁珠，朱强，郭玉堂．预警理论方法及其应用研究［J］．合肥师范学院学报，2010，28（3）：69-71

［3］黄小原，肖四汉．神经网络预警系统及其在企业运行中的应用［J］．系统工程与电子技术，1995，（10）：50-58

［4］陈国阶．对环境预警的探讨［J］．重庆环境科学，1996，18（5）：1-4

［5］顾晓安．公司财务预警系统的构建［J］．财经论丛（浙江财经学院学报），2000，（4）：65-71

［6］夏均忠．基于网络的军车安全性能智能检测和隐患预警系统的研究［D］．天津大学博士学位论文，2005

［7］Lian S. The forewarning management system of enterprise［C］. Proceeding of 18th ICC&IE，1995

［8］Hall P. Early blaring systems reframing the discussion［J］. The Australian Journal of Emergency Management，2007，（5）：32-36

［9］Laitinen E K, Chong H G. Early warning system for crisis in SME's: preliminary evidence from Finland and the UK［J］. Journal of small Business and Enterprise Development，1999，（1）：89-102

［10］Lawom E A. Bank prediction: an investigation of cash flow based models［J］. Journal of Management Studies，1988，（25）：419-437

［11］Puzicha H. Evaluation and avoidance of false alarm by controlling Rhine water with continuously working biotest［J］. Water Science and Technology，1994，29（3）：207-209

［12］Pinter G G. The Danube accident emergency warning system［J］. Water Science Technology，1999，40（10）：27-33

［13］Glasgowa H B, Burkholdera B J M, Reeda E R, et al. Real-time remote monitoring of water quality: a review of current applications, and advancements in sensor, telemetry, and computing technologies［J］. Journal of Experimental Marine Biology and Ecology，2004，（300）：409-448

［14］Parr T W, SierA P J, Batatbree R W, et al. Detecting environmental change science and society-perspectives on long-term research and monitoring in the 21st century［J］. The Seinece of the Total Environment，2003，（7）：1-8

［15］Ferdin M L, BjomHansen K. Euorpean soil databases as a tool for EU risk assessment and decision making［J］. Trends in analytical chemistry，1998，（5）：257-263

［16］Zhu X , Du W , Pan N. Study on the mode of social emergency early warning management based on grid［J］. Science and Engineering，2007：2463-2468

［17］Matthew L, Kapucu C N. Early warning systems and disaster preparedness and response in local government [J]. Disaster Prevention and Management, 2008, (5): 587-600

[18] Wenzel F, Baur M O M, Fiedrich F. A nearly warning system for Bucharest [J]. Seismological Research Letters, 1999, (2): 161-169

[19] 马驰. 提升机危险载荷分析与预警系统研究 [D]. 中国矿业大学博士学位论文, 2012

[20] 周晓冬. PFI 项目风险预警系统研究 [D]. 东北农业大学博士学位论文, 2008

[21] 权思勇. 创新型企业财务预警系统研究 [D]. 东华大学博士学位论文, 2012

[22] 卢金锁. 地表水厂原水水质预警系统研究及应用 [D]. 西安建筑科技大学博士学位论文, 2006

[23] 邓小鹏, 李启明, 周志鹏. 地铁施工安全事故规律性的统计分析 [J]. 统计与决策, 2010, (9): 87-89

[24] 周志鹏, 李启明, 邓小鹏, 等. 险兆事件管理系统在地铁施工安全管理中的应用 [J]. 解放军理工大学学报 (自然科学版), 2009, 10 (6): 597-603

[25] Rajendran S, Gambatese J A. Development and initial validation of sustainable construction safety and health rating system [J]. Construction Engineering and Management, 2009, 135 (10): 1067-1075

[26] Goh Y M, Chua D H K. A case-based reasoning approach to construction safety hazard identification: adaptation and utilization [J]. Construction Engineeringand Management, 2009, 19 (5): 495-511.

[27] Zayed T, Jr Minchin R E, Boyd A J. Model for the physical risk assessment of bridges with unknown foundation [J]. Performance of Constructed Facilities, 2007, 21 (1): 44-52

[28] Ching S C. Numerical and analytical mode for granulates [C]. The 9th International Conference for Computer Method and Advances in Geomechanics. Netherlands, 1997

[29] Simpson B, Atkinson J H. The influence of anisotropy on calculations ground settlement above tunnels [J]. Modern Tunneling Science and Technology, 2001, (2): 591-594

[30] 胡友健. 深基坑工程监测数据处理与预测预警系统 [J]. 焦作工学院学报, 2001, 3: 130-135

[31] Abdel-Meguid M, Rowe R K, Lo K Y. 3D effect of surface construction over existing subway tunnels [J]. The International Journal of Geomechanics, 2002, 2 (4): 447-469

[32] 邱冬炜, 杨松林. 城市地铁施工预警系统的探讨 [J]. 测绘科学, 2007, 32 (4): 175-176

[33] 梁希福, 徐静涛, 常彦荣, 等. 地铁施工中的监测技术与安全风险管理 [J]. 北京测绘, 2009, (1): 53-56

[34] 张毅军, 戎晓力, 钱七虎. TOPSIS 方法在地铁施工风险分析中的应用 [J]. 地下空间与工程学报, 2010, 6 (4): 856-860

[35] 吴伟巍, 李启明. 施工现场安全危险源实时监控与安全风险预测方法研究 [J]. 中国工程科学, 2010, 12 (3): 68-72

[36] 杨鹏, 冯磊, 杨毅, 等. 地铁盾构施工监测指标体系的设计与分析 [J]. 科学技术与工

程，2010，10（29）：7326-7329

[37] 郝风田.基于可靠度理论的地铁施工项目风险控制研究［J］.地下空间与工程学报，
2011，7（2）：380-384

[38] 陈伟珂，张铮燕.地铁施工灾害关键警兆监测指标研究［J］.中国安全科学学报，
2013，23（1）：148-154

[39] 胡荣明.城市地铁施工测量安全及安全监测预警信息系统研究——以西安地铁1、2号线
为例［D］.陕西师范大学博士学位论文，2011

[40] 邱冬炜.穿越工程影响下既有地铁隧道变形监测与分析［D］.北京交通大学博士学位论
文，2012

[41] Liu X Q，Kane G，Bambroo M. An intelligent early warning system for software quality
improvement and project management［J］.The Journal of Systems and Software，2006，
(3)：1552-1564

[42] Davis E P，Karim D. Comparing early warning systems for banking crises［J］.Journal of
Financial Stability，2007，（12）：4

[43] Ng G S，Quek C，Jiang H. FCMAC-EWS：a bank failure early warning system based on
a novel localized pattern learning and semantically associative fuzzy neural network［J］.
Expert Systems with Applications，2008，（34）：989-1003

[44] 杨小力，杨林岩，冯宗宪.中国纺织品出口反倾销预警监测指标体系的构建及模糊评价
［J］.系统工程，2005，23（3）：92-97

[45] 曹向新.旅游地生态安全预警评价指标体系与方法研究-以开封市为例［J］.环境科学
与管理，2006，31（3）：39-43

[46] 王穗辉，潘国荣.人工神经网络在隧道地表变形预测中的应用［J］.同济大学学报（自
然科学版），2001，29（10）：1147-1151

[47] 卢岚，杨静，秦嵩.建筑施工现场安全综合评价研究［J］.土木工程学报，2003，36
（9）：45-50

[48] 陈帆，谢洪涛.基于因子分析与BP网络的地铁施工安全预警研究［J］.中国安全科学
学报，2012，22（8）：85-91

[49] 牛强，周勇，王志晓，等.基于自组织神经网络的煤矿安全预警系统［J］.计算机工程
与设计，2007，27（10）：1752-1756

[50] 王超.区域重大突发事件的预警监测指标体系研究［J］.武汉理工大学报，2007，20
（2）：165-170

[51] Widarsson B，Dotzauer E. Bayesian network-based early-warning for leakage in recovery
boilers［J］.Applied Thermal Engineering，2008，（2）：754-760

[52] 李继尊.中国能源模型研究［D］.中国石油大学博士学位论文，2007

[53] 丁同玉.资源-环境-经济（REE）循环复合系统诊断预警研究［D］.河海大学博士学位
论文，2007

[54] 周平根，李昂，张艳玲，等.基于物联网技术的地质灾害监测预警系统的结构和功能
［A］//中国地质学会工程地质专业委员会.第九届全国工程地质大会论文集［C］.青

岛：科学出版社，2012：708-712

[55] 巨林仓，史贝贝，杨清宇，等．基于 LM 算法建立风电机组神经网络故障预警诊断模型 [J]．热力发电，2010，39 (12)：44-49

[56] 郭艳平，颜文俊，包哲静．风力发电机组在线故障预警与诊断一体化系统设计与应用 [J]．电力系统自动化，2010，34 (16)：83-86

[57] 李朝安，胡卸文，王良玮．山区铁路沿线泥石流泥位自动监测预警系统 [J]．自然灾害 学报，2011，20 (5)：74-81

[58] 陈晓东．基于交通流理论的高速公路安全预警系统关键技术研究 [D]．吉林大学博士学 位论文，2011

[59] 王冰天．用层次分析法衡量预警预警系统的指标 [J]．山西统计，1994，(10)：1-2

[60] 傅俊元，吴立成，吴文往．企业集团财务风险预警方法的构建研究 [J]．中央财经大学 学报，2004，(12)：67-76

[61] 杨振有，王月光，段宏亮．中国商业银行风险预警体系的概述 [M]．北京：经济科学 出版社，2006

[62] 陈伟珂，王兴华．地铁施工灾害预警指标体系的设计与分析 [J]．城市轨道交通研究，2007，(10)：25-29

[63] 吴宗之，刘茂．重大事故应急预案分级、分类体系及其基本内容 [J]．中国安全科学学 报，2003，13 (1)：15-18

[64] 邢娟娟．重大事故的应急救援预案编制技术 [J]．中国安全科学学报，2004，14 (1)：57-59

[65] 刘辉，朱易春．冶金矿山危险源辨识与应急预案 [J]．南方金属，2004，(5)：5-7

[66] 吴道鹏，高娟，郭建斌．《国家突发公共事件总体应急预案》透视与再思考 [J]．理论 观察，2006，42 (6)：82-85

[67] 滕五晓．城市灾害应急预案基本要素探讨 [J]．城市发展研究，2006，13 (1)：11-17

[68] 赵安全，商杰．如何编制建筑工地应急救援预案 [J]．建筑安全，2006，12 (21)：49-51

[69] 于瑛英，池宏．基于网络计划的应急预案的可操作性研究 [J]．公共管理学报，2007，4 (2)：100-107

[70] 王艳辉，罗文婷，郭晓妮．基于改进 SP 法的铁路应急能力综合评价研究 [J]．铁道学 报，2009，31 (2)：17-22

[71] 刘吉夫，张盼娟，陈志芬．我国自然灾害类应急预案评价方法研究（Ⅰ）：完备性评价 [J]．中国安全科学学报，2008，18 (2)：5-11

[72] 刘吉夫，朱晶晶，张盼娟，等．我国自然灾害类应急预案评价方法研究（Ⅱ）：责任矩阵 评价 [J]．中国安全科学学报，2008，18 (4)：5-15

[73] 张盼娟，陈晋，刘吉夫．我国自然灾害类应急预案评价方法研究（Ⅲ）：可操作性评价 [J]．中国安全科学学报，2008，18 (10)：16-25

[74] Farazmand A. Handbook of Crisis and Emergency Management [M]. New York：Marcel Dekker, 2001

[75] 周荣义，黎忠文．地铁工程建设施工危险辨识与施工坍塌事故应急预案的探讨 [J]．中国安全科学学报，2005，15 (12)：93-96

[76] 钱勇生，广晓平，郑雍．地铁应急救援预案的研究 [J]．地下空间与工程学报，2006，2 (2)：288-292

[77] 佟淑娇，林秀丽，陈宝智．沈阳市地铁一号线土建施工应急预案 [J]．工业安全与环保，2008，34 (6)：37-39

[78] 俞辉．地铁车辆系统应急预案探究 [J]．现代城市轨道交通，2009，(3)：8-10

[79] 孙文海，李斌兵．地铁火灾应急预案的制定 [J]．武警学院学报，2010，26 (4)：19-22

[80] 孙雍容，李凤菊．地铁施工应急预案编制及坍塌事故预案的探讨 [J]．城市轨道交通研究，2011，(1)：76-79

[81] 何俊翘．跨越地铁既有线的隧道施工应急预案 [J]．企业技术开发，2012，31 (19)：45-46

[82] 于瑛英．应急预案制定中的评估问题研究 [D]．中国科学技术大学博士学位论文，2008

[83] 石彪．应急预案管理中的若干问题 [D]．中国科学技术大学博士学位论文，2012

[84] 罗帆．航空灾害成因机理与预警系统研究 [D]．武汉理工大学博士学位论文，2004

[85] 王东．信息系统概论 [M]．北京：清华大学出版社，2010

[86] 顾源达．系统理论概要——现代管理方法论 [M]．大连：辽宁教育出版社，1989

[87] 刘清．高速公路交通灾害预警管理系统研究 [D]．武汉理工大学博士学位论文，2004

[88] 李奇昤．中国房产市场预警系统研究 [D]．中国社会科学院研究生院博士学位论文，2012

[89] Fayol H. 工业管理和一般管理 [M]．迟力耕，张璇译．北京：机械工业出版社，2013

[90] 佘廉．公路交通灾害预警管理 [M]．河北：河北科技技术出版社，2003

[91] 杜设亮，张伟根，傅建中，等．可控度/可观度在智能结构热压电致动器/传感器配置中的应用 [J]．中国机械工程，2001，(S1)：187-189

[92] 陈德成，杨靖波．密频子空间的可控度与可观度 [J]．应用力学学报，2001，18 (2)：16-19

[93] 张志谊，傅志方，饶柱石．模态的可观可控度与作动器、传感器的布置 [J]．振动与冲击，1998，17 (2)：5-8

[94] 黄均亮．提升信贷风险可控度值得关注 [J]．农金纵横，2004，(2)：37-38

[95] 王思强．中长期能源预测预警体系研究与应用 [D]．北京交通大学博士学位论文，2009

[96] 王东．信息系统概论 [M]．北京：清华大学出版社，2010

[97] 丁荣贵．项目利益相关方及其需求的识别 [J]．项目管理技术，2008，(1)：73-76

[98] 牛宏亮，符锌砂．网级城市桥梁管理系统的功能设计原则 [J]．中外公路，2008，28 (4)：277-279

[99] 赵伟．农村信用社运行风险监测与预警系统研究 [D]．山东农业大学博士学位论文，2006

[100] 连清旺．矿井顶板（围岩）状态监测及灾害预警系统研究及应用 [D]．太原理工大学博士学位论文，2012

[101] 樊行健. 基于现金流量的企业财务预警系统研究 [D]. 西南财经大学博士学位论文, 2006

[102] 谷超豪. 数学词典 [M]. 上海：上海辞书出版社, 1998

[103] 杨志勇, 李秋胜, 张礼平, 等. 用非线性映射方法对多因素影响下结构阻尼的研究 [J]. 华中科技大学学报（城市科学版）, 2003, 20 (2)：24-27

[104] 程毛林. 非线性映射方法在经济预测中的应用 [J]. 统计与决策, 2009, 12：160-161

[105] 刘贤赵, 李嘉竹. 海水入侵危险程度的非线性映射分析 [J]. 数学的实践与认识, 2010, 40 (3)：96-102

[106] 谢全敏, 夏元友, 朱瑞赓. 基于神经网络的岩体边坡稳定性的灰色聚类空间预测法及其应用 [J]. 灾害学, 2001, 16 (2)：2-7

[107] 童飞. 基于 BP 神经网络的水上交通事故预测及 MATLAB 实现 [D]. 武汉理工大学硕士学位论文, 2005

[108] 邱添. 基于非线性主成分分析与神经网络的参数预测模型 [D]. 四川大学硕士学位论文, 2007

[109] Agrawal R, Imielinski T, Swami A N. Mining association rules between sets of items in large databases [C]. In Proceedings ACM SIGMOD Conference on Management of data, 1993：207-216

[110] Chen M S, Han J W, Yu P S, et al. An overview from a Data-base Perspective [C]. IEEE Transactions on Knowledge and Data Engineering, 1996, 8 (6)：866-883

[111] Lavangnananda K. Self-adjusting associative rules generator for classification：an evolutionary computation [J]. Numerical and Analytical Methods in Geomechanics, 2006, (9)：541-556

[112] Soni S, Pillai J, Vyas O P. An associative classifier using weighted association rule [C]. 2009 World Congress on Nature & Biologically Inspired Computing, 2009：1492-1496

[113] 田金兰, 张素琴, 黄刚. 用关联规则方法挖掘保险业务数据中的投资风险规则 [J]. 清华大学学报（自然科学版）, 2001, 41 (1)：45-48

[114] 瞿斌, 王战军. 关联规则挖掘方法在研究生教育评估中的应用 [J]. 科学与科学技术管理, 2004, (10)：94-97

[115] 侯雪波, 田斌, 葛少云, 等. 关联规则技术在电力市场营销分析中的应用 [J]. 电力系统及自动化学报, 2005, 17 (2)：67-72

[116] 徐江勇. 多维关联规则技术在进出口贸易分析中的应用 [J]. 计算机应用与软件, 2008, 25 (12)：185-186

[117] 罗五明, 韩平阳. 车辆事故关联规则的提取 [J]. 交通与计算机, 2003, 2 (21)：17-19

[118] 尚威, 尚宁, 覃明贵. 交通事故的多维关联规则分析 [J]. 计算机应用与软件, 2006, 23 (2)：40-42

[119] 王宏雁, 王琪. 多层多维关联规则在交通事故研究中的应用 [J]. 交通科学与工程, 2009, 25 (1)：72-76

[120] 顾小林，张大为，张可，等．基于关联规则挖掘的食品安全信息预警模型［J］．软科学，2011，25（11）：136-141

[121] 何月顺．关联规则挖掘技术的研究及应用［D］．南京航空航天大学博士学位论文，2010

[122] 陈湘，吴跃．基于概念格挖掘 GIS 中的关联规则［J］．计算机应用，2011，31（3）：686-689

[123] 吴简．面向业务的基于模糊关联规则挖掘的网络故障诊断［D］．电子科技大学博士学位论文，2012

[124] 刘智．关联规则挖掘方法及其在冠心病中医诊疗中的应用研究［D］．大连海事大学博士学位论文，2012

[125] 郭超峰，施学丽，黄克南．关联规则数据挖掘技术在中医药研究中的应用概况［J］．广西中医学院学报，2009，12（4）：59-60

[126] 何跃，王迪，张丽丽．基于关联规则的微博主题搜索策略研究［J］．情报杂志，2013，32（6）：131-136

[127] 熊回香．社会化标注系统中基于关联规则的 Tag 资源聚类研究［J］．情报科学，2013，31（9）：73-78

[128] 冯秀珍．基于关联规则的 ADR 预警系统及实证研究［J］．科技管理研究，2012，（9）：194-197

[129] 刘萍，胡月红．基于 FCA 和关联规则的情报学本体构建［J］．现代图书情报技术，2012，（2）：34-40

[130] 陈伟珂，李金玲，聂凌毅．基于关联规则的地铁施工事故分析［J］．城市轨道交通研究，2011，（11）：67-71＋75

[131] 李学明．计算机数据的关联规则挖掘理论和算法研究［D］．重庆大学博士学位论文，2003

[132] 沈斌．关联规则相关技术研究［D］．浙江大学博士学位论文，2007

[133] 王培吉，赵玉琳．基于 Apriori 算法的关联规则数据挖掘研究［J］．统计与决策，2011，（23）：19-21

[134] 毛宇星．关联规则挖掘在分类数据领域的扩展性研究［D］．复旦大学博士学位论文，2010

[135] 王玮．基于概念格的关联规则挖掘及变化模式研究［D］．山东大学博士学位论文，2012

[136] 伊卫国．基于关联规则与决策树的预测方法及其应用［D］．大连海事大学博士学位论文，2012

[137] 余莉，邱长波，毕达天．基于关联规则的我国 SSCI 文献数量特征研究［J］．图书情报工作，2013，57（8）：119-124

[138] 王冬燕，钱锦昕，徐海宁，等．关联规则方法在心理测量中的应用［J］．心理科学，2013，36（2）：475-478

[139] 王立华，肖慧，徐硕，等．基于关联规则的渔业信息推荐系统设计与实现［J］．农业

工程学报，2013，29（7）：124-130

[140] 曹建福，韩崇昭．非线性系统理论及应用 [M]．西安：西安交通大学出版社，2006

[141] 杨春燕，蔡文．可拓工程 [M]．北京：科学出版社，2007

[142] 蔡文．物元分析 [M]．广州：广州高等教育出版社，1987

[143] 王行愚，李健．论可拓控制 [J]．控制理论与应用，1994，11（1）：125-128

[144] 潘东，金以慧．可拓控制的探索与研究 [J]．控制理论与应用，1996，13（3）：305-311

[145] 蔡文，杨春燕，林伟初．可拓工程方法 [M]．北京：科学出版社，1997

[146] 李晓峰，徐玖平．基于物元与可拓集合理论的企业技术创新综合风险测度模型 [J]．中国管理科学，2011，（3）：103-108

[147] 王明东，刘宪林，于继来．基于灰色预测的可拓控制方法 [J]．控制工程，2011，18（1）：75-77

[148] 王长陶．基于可拓控制策略的材料试验机电液比例控制系统的研究 [D]．浙江大学博士学位论文，2002

[149] 邓宏贵．可拓理论与关联分析及其在变压器故障诊断中的应用 [D]．中南大学博士学位论文，2005

[150] 冯晋，王虎．运用可拓方法对上市公司风险的预警 [J]．统计与决策，2007，（2）：43-45

[151] 冯科．预案管理系统的可拓控制与诊断 [J]．管理现代化，2000，（2）：50-53

[152] 崔巍，杨化邦．基于可拓理论的知识管理成熟度识别 [J]．科学管理研究，2009，27（4）：73-75

[153] 王秋莲．基于可拓理论的产品绿色设计知识重用研究 [J]．科技管理研究，2010，（13）：167-170

[154] 邓爱民，杨葱葱．基于可拓方法的第三方冷链物流企业评价研究 [J]．财经理论与实践，2010，31（4）：86-90

[155] 徐圆．可拓理论在过程工业中的应用研究 [D]．北京化工大学博士学位论文，2010

[156] 李聪波，王秋莲，刘飞，等．基于可拓理论的绿色制造实施方案设计 [J]．中国机械工程，2010，21（1）：71-75

[157] 杨玉中，冯长根．基于可拓理论的煤矿安全预警模型研究 [J]．中国安全科学学报，2008，18（1）：40-44

[158] 潘科，王洪德，石剑云．多级可拓评价方法在地铁运营安全评价中的应用 [J]．铁道学报，2011，33（5）：14-19

[159] 于谨凯，杨志坤．基于可拓物元模型的我国海洋油气业安全评价及预警机制研究 [J]．软科学，2011，25（8）：22-26

[160] 金洪波，侯强．基于可拓理论的研发项目中止决策分析 [J]．科技进步与对策，2009，26（7）：32-35

[161] 叶玮琼．基于可拓学的仿人控制及应用研究 [D]．广东工业大学博士学位论文，2011

[162] 曹献飞．基于可拓理论的高校科研团队绩效评价研究 [J]．科技管理研究，2012，

(12)：130-133

[163] 徐春玲，王海庆．教学设备运行状态的可拓诊断研究［J］．现代教育技术，2012，22
　　　（4）：50-53

[164] 张长亮，丁方正，高飞，等．基于可拓学的无人机助推火箭自调整机构的设计与实现
　　　［J］．测控技术，2012，31（8）：133-136

[165] 丁凤华．自动视觉检测系统可拓设计方法研究［D］．山东大学博士学位论文，2013

[166] 顾海峰．信用突变下商业银行信用风险测度模型研究——基于熵权物元可拓的分析
　　　［J］．当代经济科学，2013，35（1）：49-54

[167] 陈伟珂，葛清伟，杨保兰．地铁施工灾害警情可控度的定量化研究［J］．中国安全科
　　　学学报，2013，23（7）：144-150

[168] 陈伟珂，蔚朋，杨保兰，等．地铁施工灾害警情诊断与可控度研究［J］．中国安全科
　　　学学报，2013，23（11）：163-169

[169] Chen Z，Weng Q. A simple Pl extension conrtoller［J］. Journal of Guangdong University
　　　of Technology，2001，18（1）：38-41

[170] 孙永庆，张峥，钟群鹏．基于物元和可拓集合理论的燃气管道风险等级评定［J］．天
　　　然气工业，2009，29（2）：102-104

[171] Stamatis D H. 故障模式影响分析 FMEA 从理论到实践［M］．第2版．陈晓彤，姚绍
　　　华译．北京：国防工业出版社，2005

[172] 杨飞，李明，曾翰通．关于 FMEA 与 PDM 集成框架的研究［J］．制造业自动化，
　　　2002，24（8）：31-33

[173] 段潇．设计失效模式及后果分析在车辆产品开发中的应用［J］．汽车研究与开发，
　　　2005，（2）：20-24

[174] Segismundo A，Miguel P A C. Failure mode and effects analysis（FMEA）in the context of
　　　risk management in new product development［J］. Quality and Reliability Management，
　　　2008，25（9）：899-912

[175] 李钊，苏秦，张涑贤．基于过程交互的电子商务质量建模方法研究［J］．情报杂志，
　　　2006，（11）：5-7

[176] 刘文卿，郝燕梅．六西格玛管理 FMEA 技术［J］．中国统计，2006，（7）：42-43

[177] 竹建福，许乐平．FMEA 在船舶系统风险评估中的应用［J］．世界海运，2006，29
　　　（2）：22-24

[178] 樊喜刚．FMEA 在产品制造质量控制中的应用［A］//中国质量协会，卓越国际质量科
　　　学研究院．中国质量学术与创新论坛论文集（下）［C］．北京：中国质量协会，2010：
　　　368-372

[179] 王沙婷，梁工谦．面向产品再制造的改进 QFD 和 FMEA 的集成研究［J］．软科学，
　　　2011，25（5）：61-64

[180] 陆春荣．FMEA 在空压机使用中的应用［J］．化工技术与开发，2012，41（9）：63-65

[181] 李玉龙．FMEA 技术在电脑机箱制造中的应用［J］．机械工人（热加工），2004，（2）：
　　　49-52

[182] Zhai G F，ZhouY G，Ye X R，et al. A method of multi-objective reliability tolerance design for electronic circuits [J]. Chinese Journal of Aeronautics，2013，26（1）：161-170

[183] Deng W J，Chiu C C，Tsai C H. The failure mode effect analysis implementation for laser marking process improvement：a case study [J]. The Asian Journal on Quality，2007，8（1）：137-153

[184] 朱宗乾，罗阿维，李艳霞. 采用 FMEA 的 ERP 项目实施风险分析方法 [J]. 工业工程，2010，13（6）：1-5

[185] 武晓军. FMEA 在企业现场安全管理运用的探讨 [J]. 安防科技，2011，(7)：49-52

[186] 余建星，李毅佳. 基于 FMEA 和模糊理论的海底管道建造期质量风险分析 [J]. 中国安全科学学报，2012，22（1）：112-117

[187] 奚立峰，徐刚. FMEA 在过程管理中的应用 [J]. 工业工程与管理，2002，(1)：37-39

[188] 李陆雯，张洁，桂海燕. 利用 FMEA 思想分析低成本区域采购的潜在风险 [J]. 2004，(S1)：186-192

[189] 翟佳琪，田治威，刘诚. FMEA 技术对审计风险模型的改进和实证研究 [J]. 生产力研究，2011，(2)：190-192

[190] 关大进，杨琪. 服务质量 FMEA 差距模型及应用 [M]，北京：中国标准出版社，2009

[191] 张夏，周伟国. 基于相关算子的城市燃气输配系统 FMEA 研究 [J]. 中国安全科学学报，2013，23（7）：139-143

[192] 薛跃，韩之俊. FMEA 在 6σ 质量成本分析中的应用 [J]. 统计与决策，2005，(4)：135-136

[193] 史丽萍，王影. 基于 FMEA 的安全生产应急管理标准化实现成本分析 [J]. 2010，(6)：123-128

[194] 于新. 变速箱装配线人因质量事故控制及其复杂性研究 [D]. 吉林大学博士学位论文，2011

[195] 王丹华. 基于自动化 FTA 技术与 FMEA 技术的过程分析与改进的研究 [D]. 南京大学博士学位论文，2010

[196] 雷星晖，莫凡. 基于 FMEA 方法的知识产权流程管理模式构建 [J]. 科技管理研究，2010，(4)：202-204

[197] Ahsen V A. Cost-oriented failure mode and effects analysis [J]. Quality and Reliability Management，2008，25（5）：466-476

[198] Chang D，Sun K P. Applying DEA to enhance assessment capability of FMEA [J]. Quality and Reliability Management，2010，26（6）：629-943

[199] Kutlu A C，Ekmekcioglu M. Fuzzy failure modes and effects analysis by using fuzzy TOPSIS-based fuzzy AHP [J]. Expert Systems with Application，2012，39（1）：61-67

[200] 阿布力孜·布力布力，张新国. 克服失效的强有力 TFMEA 技术研究综述 [J]. 科技进步与对策，2013，30（5）：156-160

[201] 陈伟珂，王炳淳．基于 SEM 的地铁施工不安全行为与认知关系的研究［J］．中国安全生产科学技术，2015，11（3）：154-160

[202] 陈伟珂，孙蕊．基于行为主义理论的地铁施工工人的不安全行为管理研究［J］．工程管理学报，2014，28（6）：54-59

[203] Cheung D W, Han J, Ng R. Maintenance of discovered association rules in large databases: an incremental updating technique［A］//Proceedings of the 21th International Conference on Data ENGINEERING［C］. New Orleans Louisiana, 1995：106-114

[204] 陈伟珂，郭明宇．基于灰色关联理论的地铁施工安全评价模型研究及应用［J］．工程管理学报，2014，28（5）：52-56

[205] 陈伟珂，龙昭琴，李金玲．地铁施工实时动态监控研究［J］．地下空间与工程学报，2013，9（2）：344-351＋372

[206] 周荣义，黎忠文．地铁工程建设施工危险辨识与施工坍塌事故应急预案的探讨［J］．中国安全科学学报，2005，15（12）：93-96

[207] 周志鹏，李启明，邓小鹏，等．基于事故机理和管理因素的地铁坍塌事故分析——以杭州地铁坍塌事故为实证［J］．中国安全科学学报，2009，19（9）：139-145

[208] 侯艳娟，张顶立，李鹏飞．北京地铁施工安全事故分析及防治对策［J］．北京交通大学学报，2009，33（3）：52-59

[209] 朱胜利，王文斌，刘维宁，等．地铁工程施工的风险管理［J］．土建技术，2008，21（1）：56-60

[210] Daniels R S, Daniels C L C. Transforming Govenment：the Renewal and Revitalization of the Federal Emergency Management Ageney［M］. New York：Nova Science Publishers, 2002

[211] 马法平．基于 FMECA 的地铁盾构施工风险监测信息系统研究［D］．天津理工大学硕士论文，2010

[212] 龙昭琴．地铁施工实时动态监控看板设计研究［D］．天津理工大学硕士论文，2012

[213] 李金玲．基于关联规则的地铁基坑工程施工风险监测研究［D］．天津理工大学硕士论文，2011

[214] 王兴华．基于可拓理论的地铁施工灾害预警模型研究［D］．天津理工大学硕士论文，2008

[215] 杨宝兰．基于可拓集合理论的地铁施工灾害警情可控度研究［D］．天津理工大学硕士论文，2011

[216] 王凉．日本政府危机管理机制及对我国的启示［J］．商业时代，2006，（6）：48-49

[217] 郭太生．美国公共安全危机事件应急管理研究［J］．中国人民公安大学学报，2003，（6）：33-36

[218] 朱正威，张莹．发达国家公共安全管理机制比较及对我国的启示［J］．西安交通大学学报（社会科学版），2006，26（2）：46-49

[219] 周健，黄崇福，薛晔．对中国综合风险管理机构体系建设的建议［J］．自然灾害学报，2006，15（1）：61-83

[220] Farazmand A. Handbook of Crisis and Emergency Management [M]. New York: Marcel Dekker, 2001

[221] Tsoglin Y L, Klimenko I A. Ukraine early warning [J]. Nuclear Engineering International, 1995, 40 (490): 31-33

[222] Klein G A, Calderwood R. Decision models: some lessons from the field [C]. IEEE Transaction on SMC, 1991, 21 (5): 101-106

[223] Belardo S, Harrald J. A framework for the application of group Decision systems to the problem of planning for catastrophe events [C]. IEEE Transactions on the Engineering Management, 1992, 39 (4): 400-411

[224] Gupta A K, Yadav P K. A new model to study the evacuation profile of a building [J]. Fire Safety Jorunal, 2004, 39: 539-556

[225] Hamnacher H W, Tjandra S A. Earliest Arrival Flow Model with Time Dependent Capaeity for Solving Evacuation Problems [M]. Berlin: Springer-Verlag, 2002

[226] Altiok T, Stidham S. The allocation of interstage buffer capacities in production lines [C]. IEEE Transaction, 1983: 292-299

[227] David L, Bakuli J, Smith M. Resource allocation in state-dependent emergency evacuation network [J]. European Journal of Operational Research, 1996, (89): 543-555

[228] Cheah J, Smith J M. Generalization M/G/C/C state dependent queueing models and pedestrian traffic flows [J]. Queueing Systems and their Applications (QUESTA), 1994, (15): 365-386

[229] 李锦成. 城市地铁火灾与应急救援体制建设 [J]. 自然灾害学报, 2012, 21 (4): 197-200

[230] 卢文刚, 彭静. 广州城市地铁突发公共事件应急能力评价指标体系研究 [J]. 城市发展研究, 2012, 19 (4): 118-124

[231] 刘光武. 城市轨道交通应急管理体系研究 [J]. 铁路计算机应用, 2012, 21 (5): 3-10

[232] 王淑嫱, 王乾坤, 何晨琛. 基于GIS的地铁施工应急管理系统设计 [J]. 现代商贸工业, 2012, (15): 181-182

[233] 王乾坤, 刘昆玉. 地铁工程建设应急管理信息系统的设计 [J]. 土木工程与管理学报, 2011, 28 (2): 67-72

[234] 龙宏德, 彭秀明, 李鹏举. 深圳地铁环中线安全管理实践 [J]. 城市轨道交通研究, 2011, (11): 28-32

附录 A 地铁施工实时动态监控手册

附表 1 人员监控手册

序号	监测项目/警兆指标编码号	风险源分类	风险源信息	监测的警兆	监控标准	监控方法	是否监控	监控周期	处置形式
1	00111200100000101××	人员	姓名：—— 工种：—— 职位：—— 进入时间： 出场时间： 风险责任人： 上级责任人：	安全帽佩戴	《中华人民共和国安全生产法》第 49 条	对员工检查		每日一次	禁止入场
2	00111200100000202××			安全教育	《中华人民共和国安全生产法》第 21 条	对员工检查		每日一次	禁止入场
3	00111200100000303××			佩戴顶灯	《中华人民共和国安全生产法》第 37 条	对员工检查		每日一次	禁止入场
4	00111200100000404××			安全知识掌握情况	《中华人民共和国安全生产法》第 50 条	对员工检查		每日一次	禁止入场
5	00111200100000505××			是否掌握岗位安全操作技能	《中华人民共和国安全生产法》第 21 条	对员工检查		每日一次	禁止入场
6	00111200100000606××			是否携带危险源	《中华人民共和国安全生产法》第 22 条	对员工检查		每日一次	禁止入场
7	00111200100000707××			是否明确施工环境情况	《中华人民共和国安全生产法》第 23 条	抽查员工		每日一次	安全教育
8	00111200100000808××			是否熟悉安全事故应急救援措施	《中华人民共和国安全生产法》第 27 条	抽查员工		每日一次	安全教育

续表

人员监控手册

序号	监测项目/警兆指标编码号	风险源分类	风险源信息	监测的警兆	监控标准	监控方法	是否监控	监控周期	处置形式
9	0011120010000909××	人员	姓名：—— 工种：—— 职位：—— 进入时间： 出场时间： 风险 责任人： 上级 责任人：——	是否熟悉安全通道	《中华人民共和国建筑法》第 41 条	抽查员工		每日一次	安全教育
10	0011120010001010××			是否办理意外伤害险	《中华人民共和国安全生产法》第 72 条	检查管理部门		每周一次	禁止入场
11	0011120010001111××			采用新技术时是否进行安全生产培训	《中华人民共和国建筑法》第 48 条	检查管理部门		每周一次	安全教育
12	0011121100001212××			特种工作人员是否有操作资格证书	《中华人民共和国安全生产法》第 23 条	检查管理部门		每周一次	禁止上岗

注：是否监控（是打"√"，否打"×"）

附表 2　机器监控手册

机器监控手册

序号	监测项目/警兆指标编码号	风险源分类	风险源信息	监测的警兆	监控标准	监控方法	是否监控	监控周期	处置形式
1	0012140030003939××	机器		零件是否缺失		检查		每日一次	禁止使用
2	0012140030004040××			零件缺失部位		检查		每日一次	禁止使用
3	0012140030004141××			是否进行日常保养		检查		每日一次	检查维修
4	0012140030004242××			机器是否调整		检查		每日一次	即时调整
5	0012140030004343××		机器种类： 大型机器 机器型号编号： 0001 机器使用年限： 5 年 已使用年限： 2 年	机器是否紧固		检查		每日一次	禁止使用
6	0012140030004444××			报警装置是否灵敏		检查		每日一次	禁止使用
7	0012140030004545××			性能参数是否正常		检查		每日一次	禁止使用
8	0012140030004646××			运行周期是否正常		检查		每日一次	禁止使用
9	0012140030004747××			仪表值是否正常		检查		每日一次	禁止使用
10	0012140030004848××			预警阈值是否明确		检查		每日一次	上报并培训
11	0012140030004949××			责任人是否明确		检查		每日一次	上报并培训
12	0012140030005050××			是否进行过维修		检查		每日一次	检查记录
13	0012140030005151××			是否明确安全操作规范		检查		每日一次	安全教育
14	0012140030005252××			电压是否正常		检查		每日一次	禁止使用
15	0012140030005353××			管线是否畅通		查看		每日一次	禁止使用

注：是否监控（是打"√"，否打"×"）

附表 3　环境监控手册

环境监控手册

序号	监测项目/警兆指标编码号	风险源分类	风险源信息	监测的警兆	风险等级	阈值	监控值	监控周期	处置形式
1	0013230020013131××	环境	测控点编号：10102002 监控时间： 监控区域：	地表沉降		±2.4 毫米		每日一次	警情诊断
2	0013230020014141××			围护结构水平位移		±24 毫米		每日一次	警情诊断
3	0013230020015151××			建筑物沉降		±2.4 毫米		每日一次	警情诊断
4	0013230020016161××			土体分层沉降		上升（＋），下降（－）		每日一次	警情诊断
5	0013230020017171××			顶墙水平位移		±24 毫米		每日一次	警情诊断
6	0013230020018181××			底下管线		±16 毫米 煤气管线为±8 毫米		每日一次	警情诊断
7	0013230020019191××			水位变化		±240 毫米		每日一次	警情诊断
8	0013230020020201××			空隙水压力		变化量范围		每日一次	警情诊断
9	0013230020021211××			内外土压力		变化量范围		每日一次	警情诊断
10	0013230020022221××			支撑轴力		1 160～1 600 毫米		每日一次	警情诊断
11	0013230020023231××			临时建筑物		±2.4 毫米		每日一次	警情诊断

注：是否监控（是打"√"，否打"×"）

附表 4 管理监控手册

管理监控手册

序号	监测项目/警兆指标编码号	风险源分类	风险源信息	监测的警兆	监控标准	监控方法	是否监控	监控周期	处置方式
1	00141400400 5555××	管理		是否坚持安全第一、预防为主的方针	《中华人民共和国建筑法》第 36 条	查看安全目标书和规划书		每周一次	安全例会
2	00141400400 5656××			是否有专项安全施工组织设计	《中华人民共和国建筑法》第 38 条	查看投标文件		每周一次	安全例会
3	00141400400 5757××			是否对毗邻建筑物采取防护措施	《中华人民共和国建筑法》第 39 条	检查管理部门		每周一次	安全例会
4	00141400400 5858××			施工现场地下管线勘察资料存档保护情况	《中华人民共和国建筑法》第 40 条	检查管理部门		每周一次	安全例会
5	00141400400 5959××			对粉尘、废气、废水采取的防护措施	《中华人民共和国建筑法》第 41 条	检查管理部门		每周一次	安全例会
6	00141400400 6060××			对固体废物、噪音采取的防护措施	《中华人民共和国建筑法》第 41 条	检查管理部门		每周一次	安全例会
7	00141400400 6161××			安全员配备	《中华人民共和国安全生产法》第 19 条	检查管理部门		每周一次	安全例会
8	00141400400 6262××			存储危险物品审批	《中华人民共和国安全生产法》第 27 条	检查管理部门		每周一次	安全例会
9	00141400400 6363××			安全警示标志是否明显	《中华人民共和国安全生产法》第 28 条	查看现场		每周一次	安全例会
10	00141400400 6464××			逃生通道是否畅通	《中华人民共和国安全生产法》第 34 条	查看现场		每日一次	停工整顿

续表

管理监控手册

序号	监测项目/警兆指标编码号	风险源分类	风险源信息	监测的警兆	监控标准	监控方法	是否监控	监控周期	处置方式
11	001414004006565××	管理		重大危险源的定期监测记录	《中华人民共和国安全生产法》第32条	检查管理部门		每周一次	抽查
12	001414004006767××			紧急疏散标志是否明显	《中华人民共和国安全生产法》第34条	查看现场		日报	安全例会
13	001414004006868××			重要危险源监测	《中华人民共和国安全生产法》第35条	询问安全部门员工		日报	安全会议
14	001414004006969××			危险源和防范措施的告知	《中华人民共和国安全生产法》第36条	询问安全部门员工		日报	安全会议
15	001414004007070××			对所有人员不安全行为的监督检查	《中华人民共和国安全生产法》第37条	询问安全部门员工		日报	安全会议
16	001414004007171××			对施工人员监督、教育	《中华人民共和国安全生产法》第37条	查看、询问安全部门员工		日报	安全会议
17	001414004007272××			安排安全生产培训经费	《中华人民共和国安全生产法》第39条	询问领导管理人员		周报	安全会议
18	001414004007373××			专职安全管理人员的配备	《中华人民共和国安全生产法》第40条	询问领导管理人员		周报	安全会议
19	001414004007474××			安全管理责任的明确分工	《中华人民共和国安全生产法》第40条	查看组织结构		日报	安全会议
20	001414004007575××			明确施工现场主要负责人的监督责任	《中华人民共和国安全生产法》第42条	查看组织结构		日报	安全会议
21	001414004007676××			缴纳保险意外保险	《中华人民共和国安全生产法》第43条	询问领导管理人员		周报	安全会议

续表

管理监控手册

序号	监测项目/警兆指标编码号	风险源分类	风险源信息	监测的警兆	监控标准	监控方法	是否监控	监控周期	处置方式
22	00141400400777777××	管理		应急器材的配备	—	询问安全部门员工		日报	安全会议
23	00141400400787878××			定期召开安全会	《中华人民共和国安全生产法》第3条	查看安全政策		周报	安全会议
24	00141400400797979××			有醒目的安全标志和口号	—	查看安全政策		周报	安全会议
25	00141400400808080××			安全措施容易执行	—	询问施工人员		周报	安全会议
26	00141400400818181××			以安全优先来分配资源	—	查看安全政策		周报	安全会议
27	00141400400828282××			领导层的安全培训	—	询问领导管理人员		周报	安全会议
28	00141400400838383××			安全公示公告栏	—	查看安全政策		周报	安全会议
29	00141400400848484××			安全资料归档	—	询问查看相关资料记录		周报	安全会议
30	00141400400858585××			对现场人员明确不安全操作的后果	—	询问安全部门员工		日报	停工整顿
31	00141400400868686××			提醒注意安全操作,关注现场人员异常工作情况	—	询问员工		日报	安全会议
32	00141400400878787××			应急预案中的救援计划纳入市级救援应急程序	—	询问并查看应急救援计划		周报	安全会议

续表

管理监控手册

序号	监测项目/警兆指标编码号	风险源分类	风险源信息	监控的警兆	监控标准	监控方法	是否监控	监控周期	处置方式
33	00141400400888××			管理人员对预警系统能够熟悉操作	—	查看询问应急救援计划		周报	安全会议
34	00141400400898××			出现警情时上报人员和单位责任人明确	—	查看组织结构		日报	安全会议
35	00141400400909××			应急资源充足、齐全	—	查看安全目标书或规划书		周报	停工整顿
36	00141400400919××	管理		消防灭火装置和器材是否配备	—	询问安全人员	盾构施工法环境	周报	停工整顿
37	00141400400929××			紧急隔离、维护和搜救通道是否畅通	—	询问安全人员		周报	停工整顿
38	00141400400939××			抢救物资器材能迅速调配	—	询问安全人员		周报	停工整顿
39	00141400400949××			应急物品配备和后勤供给	—	询问安全人员		周报	安全会议
40	00141400400959××			抢救和包扎医疗器具配备	—	询问安全人员		周报	安全会议
41	00141400400969××			报警设备灵敏能快速启动	—	查看机器设备		日报	停工整顿
42	00141400400979××			高空作业是否监控	—	询问安全人员		日报	进行监控

注：是否监控（是打"√"，否打"×"）
资料来源：根据作者团队成员前期成果整理自绘

附录 B 调查问卷

1. 地铁施工灾害警情可控度判断调查问卷

答卷人背景信息			
1. 您所在工作单位： ［］研究机构　［］业主单位　［］监理单位　［］施工单位　［］保险公司　［］其他（请注明：）			
2. 您的工作年限：［］8年以内　　　　［］10年～20年　　　　［］20年以上			
3. 您的工作性质：［］现场类　　　［］内勤类			
正文说明：本问卷针对地铁施工中不同的灾害类型的警情可控度判断进行分析。请选择最符合您想法的选项，在该选项前的"［］"内打"√"。			
您是否了解可控度：［］是　［］否			
您认为在地铁施工过程中是否有必要研究可控度：［］是　［］否			
您是否认同警度越高，对应会可控度越低：［］是　［］否			
整个地铁施工灾害的可控情况	［］好	［］中	［］差
地墙渗漏警兆的可控情况	［］好	［］中	［］差
支撑失稳的可控情况	［］好	［］中	［］差
承压水突涌的可控情况	［］好	［］中	［］差
坑底隆起的可控情况	［］好	［］中	［］差
周边建筑物倒塌的可控情况	［］好	［］中	［］差
周边地表沉降的可控情况	［］好	［］中	［］差
地下管道错位、开裂的可控情况	［］好	［］中	［］差
机械事故的可控情况	［］好	［］中	［］差
模板体系失稳的可控情况	［］好	［］中	［］差
脚手架体系失稳的可控情况	［］好	［］中	［］差
问卷到此结束，麻烦您再认真检查一遍是否有遗漏的问题未答！ 再次感谢您对我们工作的支持，敬祝万事如意！			

2. 地铁施工故障模式危险性评价

正文说明：请在您认为该故障模式符合的故障发生概率、故障后果严重程度、故障检测难度的选项中打"√"。

危险性评价　　事故类型		地下连续墙渗漏	故障模式支撑失稳	承压水突涌	周围建筑物沉降、变形	地下管线错位、开裂
故障发生概率	发生概率非常高（10分）					
	发生概率高（8分）					
	发生概率低（6分）					
	很少发生（4分）					
	几乎不发生（2分）					
故障后果严重程度	致命的影响，功能丧失、人员死亡（10分）					
	重大的影响，功能丧失、人员受伤（8分）					
	较大的影响，功能部分丧失、人员受伤（6分）					
	轻微的影响，人员轻伤（4分）					
	影响极小（2分）					
故障检测难度	完全无法检出（10分）					
	不经测试无法检出（8分）					
	在检查时可发现（6分）					
	前期检出可发现（4分）					
	直接可检出（2分）					

3. 地铁施工预案强度等级调查问卷

问卷填写人基本信息

请在正确选项前的方框中打"√"。

1. 您所在工作单位：

□研究机构　□业主单位　□监理单位　□施工单位　□第三方监测
□其他（请注明：）

2. 您的工作年限：□8 年以内　　□10 年～20 年　　□20 年以上

3. 您的工作性质：□现场类　　　□内勤类

4. 您参与过的地铁施工项目数量：

□1～3 个　　　□4～6 个　　　□7～9 个　　　□10 个以上

正文说明：请根据自身经验判断预案内容是否合理以及预案所适用的警情级别，并在您认为该预案符合的警度及可控程度前的□中打"√"。

故障模式	预案阶段	预案内容	是否合理（√或×）	预案所适用的警情级别	
				警度	可控程度
地下连续墙渗漏	预警阶段（未发生渗漏）	1. 成立接缝巡视小组，加强巡视，加强监测			
		2. 基坑周边地连墙外侧接缝采用双重管旋喷桩止水＋袖阀管双液浆止水			
		3. 局部基坑底取高压旋喷桩全断面加固			
		4. 基坑内设置分仓隔墙		□轻 □中 □重	□高 □中 □低
		5. 对周边建筑采用注浆预加固		□轻 □中 □重	□高 □中 □低
		6. 检查控制开挖进度并严格控制开挖的速度		□轻 □中 □重	□高 □中 □低
		7. 及时架设支撑并按设计施加预应力，随时据基坑变形情况		□轻 □中 □重	□高 □中 □低
		8. 检查基坑外2～5米范围是否停放重型机械或集中堆放较大荷载，并对此荷载进行清除		□轻 □中 □重	□高 □中 □低
		9. 加强对围护墙（边坡）顶部水平位移等监测指标的的监测		□轻 □中 □重	□高 □中 □低
		10. 基坑周边地连墙外侧接缝采用双重管旋喷桩止水		□轻 □中 □重	□高 □中 □低
		建议增加的预案措施及所适用的警情级别：		□轻 □中 □重	□高 □中 □低
	应急阶段（已发生渗漏）	1. 施工中可在墙后加强降水，临时降低墙后水位，减小接头处的渗漏流量		□轻 □中 □重	□高 □中 □低
		2. 当渗水量较小且不影响施工也不影响周围环境时，可在坑底设排水沟		□轻 □中 □重	□高 □中 □低
		3. 不具有明显水压力时，可通过边加注聚氨脂进行封堵，或在对地下连续墙面进行刷箔清理后用堵漏灵或快硬水泥封堵		□轻 □中 □重	□高 □中 □低
		4. 当具有明显水压力渗漏较轻微，可基坑内侧注浆堵漏		□轻 □中 □重	□高 □中 □低
		5. 当具有明显水压力而渗漏较严重时，在基坑外侧接缝进行双液速凝堵浆		□轻 □中 □重	□高 □中 □低
		6. 当严重漏水导致围护结构有较大变形时，用坑内加载的方式加固，用构造证基坑安全		□轻 □中 □重	□高 □中 □低
		建议增加的预案措施及所适用的警情级别：		□轻 □中 □重	□高 □中 □低

续表

故障模式	预案阶段	预案内容	是否合理（√或×）	预案所适用的警情级别	
				警度	可控程度
支撑失稳	预案阶段（未发生失稳）	1. 渐缓开挖，稳定变形		□轻 □中 □重	□高 □中 □低
		2. 加密监测点，加强对支撑体系、周边地表地物的监测，尤其应当重视对围护结构内力、位移的监测		□轻 □中 □重	□高 □中 □低
		3. 加强质检力度，严格施工工序检查		□轻 □中 □重	□高 □中 □低
		4. 对钢支撑采取吊措施，严防钢支撑坠落		□轻 □中 □重	□高 □中 □低
		5. 复加预应力		□轻 □中 □重	□高 □中 □低
		6. 增加临时支撑		□轻 □中 □重	□高 □中 □低
		7. 加强对支撑立柱的监测，若立柱隆起过大时，可对立柱与支撑的 U 形抱箍进行调整，从而让因立柱隆起产生的过大次应力得到释放		□轻 □中 □重	□高 □中 □低
		建议增加的预案措施及所适用的警情级别：			
	应急阶段（已发生失稳）	1. 应对支撑立柱进行加撑补强，复查周围支撑寻找失稳原因；现场抢险人员商定解决方案，如果合同设计单位、建设单位、监理单位等相关人员商定解决方案		□轻 □中 □重	□高 □中 □低
		2. 采取基坑外削坡减载，基坑内回填土方加载的措施；如果围护结构背后发生土体流失，要立即填充砂或砼，复查周围支撑寻找失稳原因		□轻 □中 □重	□高 □中 □低
		建议增加的预案措施及所适用的警情级别：			

续表

故障模式	预案阶段	预案内容	是否合理（√或×）	预案所适用的警情级别	
				警度	可控程度
承压水突涌	预警阶段（未发生突涌）	1. 检查是否超挖，严格控制挖掘深度		□轻 □中 □重	□高 □中 □低
		2. 加强基底回弹的监测		□轻 □中 □重	□高 □中 □低
		3. 在基坑外侧或内侧降承压水压，同时在附近建筑物旁边地层中用回灌水法以深井点降低承压水压，保护建筑设施，当基坑处于空旷地区可不采取回灌水措施		□轻 □中 □重	□高 □中 □低
		4. 施做止水帷幕		□轻 □中 □重	□高 □中 □低
		5. 对坑底采取碎石换填		□轻 □中 □重	□高 □中 □低
		6. 重新分析地质勘察报告，找出可能突涌的承压水层，分析原因		□轻 □中 □重	□高 □中 □低
		7. 启动降压井降压		□轻 □中 □重	□高 □中 □低
		建议增加的措施及所应对应的警情严重程度：			
	应急阶段（已发生突涌）	1. 对涌水处进行注浆封堵。在管涌位置插入较大口径的导流管，再用压力注浆机在导流管四周注入水泥浆，使四周土体封闭，最后封闭导流管。完成管涌封堵后加强降水，再进行土方开挖		□轻 □中 □重	□高 □中 □低
		2. 采取回其土压载措施		□轻 □中 □重	□高 □中 □低
		3. 设置高压旋喷桩对坑底土层加固		□轻 □中 □重	□高 □中 □低
		建议增加的措施及所应对应的警情严重程度：			

续表

故障模式	预案阶段	预案内容	是否合理（√或×）	预案所适用的警情级别	
				警度	可控程度
周围建筑物沉降变形	预警阶段（未发生沉降变形）	1. 严格控制降水量，采取分层、分部位降水		□轻 □中 □重	□高 □中 □低
		2. 控制压密注浆速度		□轻 □中 □重	□高 □中 □低
		3. 基坑开挖过程中加强挡水，减小楼房附近的地下水流失		□轻 □中 □重	□高 □中 □低
		4. 对基坑周边房屋进行袖阀管预注浆处理或打隔离桩		□轻 □中 □重	□高 □中 □低
		5. 加强监控量测，基坑开挖至主结构完成前，密切注意基坑围护结构的水平位移		□轻 □中 □重	□高 □中 □低
		6. 若在垫层浇筑期间，可在垫层中增加钢筋或缩短垫层浇筑时间。若在结构施工阶段，可增加临时钢支撑，并增加施工人员，缩短结构施工时间		□轻 □中 □重	□高 □中 □低
		建议增加的措施及所对应的警情严重程度：		□轻 □中 □重	□高 □中 □低
	应急阶段（已发生沉降变形）	1. 立即停止土方开挖，在已开挖面加设临时钢支撑		□轻 □中 □重	□高 □中 □低
		2. 采取斜向跟踪注浆管和垂直封闭注浆加固的方案		□轻 □中 □重	□高 □中 □低
		3. 做止水帷幕及回灌		□轻 □中 □重	□高 □中 □低
		4. 应进行地层深部位移监测，加密测点和减少监测时间间隔，进行地层分层沉降、分层水平位移和水位监测		□轻 □中 □重	□高 □中 □低
		5. 对建筑物进行基础托换或加固		□轻 □中 □重	□高 □中 □低
		建议增加的措施及所对应的警情严重程度：		□轻 □中 □重	□高 □中 □低

续表

故障模式	预案阶段	预案内容	是否合理（√或×）	预案所适用的警情级别								
				警度			可控程度		
地下管线错位、开裂	预警阶段（未发生错位、开裂）	1. 增大支撑刚度		□轻 □中 □重			□高 □中 □低		
		2. 开挖井暴露管线，并对其进行悬吊等方式加以保护		□轻 □中 □重			□高 □中 □低		
		3. 在施工影响范围内加强对各种管线和基坑内容，加大监测频率		□轻 □中 □重			□高 □中 □低		
		4. 检查管线现状是否与交底内容不符，若不符则通知建设单位和有关管线单位到场研究，商议补救措施		□轻 □中 □重			□高 □中 □低		
		5. 悬吊管线下砌筒支墩加固		□轻 □中 □重			□高 □中 □低		
		6. 基坑内土体被动区加固		□轻 □中 □重			□高 □中 □低		
		建议增加的措施及所对应的警情严重程度：							
	应急阶段（已发生错位、开裂）	1. 发现沉降量达到报警值时，立即将管线靠基坑一侧打槽钢封闭，管线距基坑较近时设支撑架将管线架空，与土体脱离，同时采取调整基坑的施工顺序、施工方法等措施		□轻 □中 □重			□高 □中 □低		
		2. 对管线下地基作跟踪注浆，防止管线过量沉降		□轻 □中 □重			□高 □中 □低		
		3. 与管道产权管理单位联系，通知有关管线单位要求抢修		□轻 □中 □重			□高 □中 □低		
		建议增加的措施及所对应的警情严重程度：		□轻 □中 □重			□高 □中 □低		

问卷到此结束，麻烦您再认真检查一遍是否有遗漏的问题未答！

再次感谢您对我们工作的支持，敬祝万事如意！